아임 인
I'm in

삶이 초대할 때는 응답하라

임애린 지음

그녀의 사랑이 아니었으면 오늘의 나도 없었기에,

보고 싶은 엄마에게 이 책을 바칩니다.

차례

4장 | 나누고 즐기는 삶
SERVE & SAVOR

왜 실리콘밸리의 코치는 정글로 갔을까?

A Silicon Valley coach who went to the jungle

이야기는 14년 전, 내 나이 스물네 살부터 시작한다.

나는 아이비리그를 우등으로 졸업한 뉴욕 월스트리트 투자 은행의 애널리스트였다. 영어를 잘하는 것도, 미국에 연이 있던 것도 아니었기에 낙타가 바늘구멍 들어가듯 안간힘을 쓰며 가까스로 성취한 목표였다.

그런데 목표를 성취하고 기뻐하는 것도 잠시, 곧바로 그다음 목표가 보였다. 비디오게임 같았다. 밤새 레벨 업을 했는데 새로운 레벨이 바로 시작되었다. 다음 레벨을 부수면 여유가 생길 거라 믿었다. 그래서 성공이라는 환상의 오아시스를 향해 열심히 달렸다. 인생은 마라톤이라는데 내 주변에는 스프린트를 하는 사람들로 가득했다. 남들은 내가 성공가도를 달린다고 했다. 하지만 불안했다. 남들은 다 잘 사는데 나만 뒤처지는 것 같았다. 외롭고 힘들었지만 돌아갈 집은 없었다. 더 성공하고 더 돈을 많이 벌고 더 아름다워지면 행복할 거라고 믿었다. 그래서 꿈의 도시라는 샌프란시스코로 이사했다. 세상을 바꿔보고 싶어 스타트업에 조인했다. 뭔가 멋진 일을 해보고 싶었다.

하지만 일은 내 마음을 채워주지 못했다. 그렇다고 남들 다 잘하는 연애가 뜻대로 되는 것도 아니었다. 그 와중에 세상에서 가장 가까운 존재, 나의 가장 큰 팬이던 엄마가 돌아가셨다. 명상의 '명'도 모르던 나였지만, 이거라도 안 하면 죽을 것 같았다.

행복하고 싶어서라기보다는 더이상 불행하기 싫어서 다양한 방법을 시도했다. 살고 싶었다. 유명한 힐링 프로그램에 참석했고, 심리상담을 받았다. 마음을 다스리고 꿈을 이루게 해준다는 책들을 읽었다.

"자신을 믿으세요."

"오늘이 내 인생 마지막인 것처럼 사세요."

"마음의 관찰자가 되세요."

"자유롭고 싶다면 의심을 지우세요."

"당신은 이미 완벽합니다."

나를 어루만지는 메시지가 꾸준히 주입되었다. 하지만 이 아름다운 말들이 빛 좋은 개살구 같다고 느꼈다. 머리로는 알아도 마음에서 실행이 안 됐다. 도대체 어떻게 하면 나를 믿고 오늘이 마지막 날인 것처럼 살 수 있는지 감이 오지 않았다. 그게 되는 사람들은 나보다 용기 있거나, 더 운이 좋거나, 돈벌이 걱정을 덜해도 되는 사람들이라고 생각했다.

그러던 중 코로나19가 닥쳤다. 콘크리트 감옥 같은 조그만 아파트에서 혼자 재택근무를 했다. 삶의 낙이라곤 외로워서 키우기 시작한 강아지 룰루와 산책하는 것뿐이었다. 그런데 캘리포니아 역사상 가장 큰 산불이 났다. 공기가 너무 나빠져 유일한 낙이었던 산책마저 못하게 되자 감옥 아닌 감옥 생활을 해야 했다. 코로나가 무서웠지만 깨끗한 공기를 찾아 뉴욕으로 도망쳤다. 2020년 9월의 일이다.

그렇게 방문한 뉴욕은 내가 살았던 예전의 뉴욕이 아니었다. 코로나에 점령당한 뉴욕은 어떤 계획도 무용한 도시가 되어 있었다. 불확실함을 없애기 위해 항상 계획을 세워 내 뜻대로 컨트롤하는 것이 잘 사는 인생이라 믿던 나였는데, 매 순간 일어나는 돌발 상황을 포용할 수밖에 없었다.

우연히 찾은 이스라엘 레스토랑에서 유대인의 새해맞이 축하파티에 참석하게 되었다. 그날 나는 평생 잊지 못할 생애 최고의 저녁을 보냈다. 꼼꼼히 계획해 참가했던 그 어떤 화려한 이벤트에서도 느끼지 못한 기쁨을 만끽했다. 확실성, 계획에 대한 집착을 내려놓게 된 순간이었다.

그때부터였다. 내가 내 눈앞에서 변화하기 시작했다.

깨끗한 공기를 찾아 용기 내 시작한 여행은 나를 찾는 여정의 첫걸음이 되었다. 그 여행은 나를 멕시코와 파나마의 정글로 인도했다. 편리함과 생산성을 신봉하고 벌레를 끔찍이 싫어하는 도시인인 나로서는 한 번도 갈 생각을 못했던 곳들이다. 언어 배우는 것에 젬병이라 스페인어를 못해 말도 안 통했다. 하지만 인간의 손이 닿지 않은 깊은 자연으로 초대하는 내 인생의 부름에 용기를 내 응답했다. 그리고 정글에서 나도 모르게 나를 변화시키는 누에고치의 시간을 맞이하게 되었다.

그러자 빛 좋은 개살구 같다고 여긴 바로 그 메시지들이 언제부터인가 나의 삶에 마법같이 펼쳐지기 시작했다. 믿을 수가 없었다. 내가 나를 믿기 시작했고, 두려움에서 자유로워졌다. 경직된 마음은 부드러워지기 시작했고, 타인의 기준에서 나를 내려놓게 되었다. 물론 30년 넘게 살아온 성공지향적 삶의 방식을 하나씩 내려놓는 게 쉽지만은 않았다. 하지만 내 인생에 펼쳐진 드라마 같은 일들을 겪기 시작하니 삶의 신비에 응하지 않을 수가 없었다. 삶의 신비에 뛰어들수록 조금씩 더 큰 변화가 생기기 시작했다.

정글에서 보낸 8개월의 누에고치 시간은 내가 나의 허물을 벗고 탈바꿈해 새로운 모습으로 태어나게 해주었다. 스타트업들과 일하는 뱅커였던 내가 리더십 코치가 되어 나의 코칭 전문 회사를 설립하고, 미국에서 최고라 손꼽히는 개인 계발 프로그램 중 하나인 호프먼 프로세스의 선생님이 되고, 책을 쓰는 작가가 된 것이다! 자연에서 많은 시간을 보내고 자유롭고 창의적으로 일을 하되, 내 일을 통해 사회에 긍정적인 영향을 미치고 싶다는 소망이 이루어진 것이다. 꿈에도 상상하지도 못한 일들이 현실이 되어 있었다.

더 중요한 변화는 그렇게 힘들어하고 안절부절못하며 외로움을 많이 타던 내가, 내 안의 기쁨을 발견하고 평안함을 느끼는 일상을 즐기게 된 것이다. 삶의 신성함, 웅장함, 완벽함을 경험했기 때문이다. 이 경험으로 나를 사랑하는 법을 배우고, 원하는 것은 이미 지금 모두 가지고 있는 풍요함을 깨닫고, 자연스레 흘러가는 삶에 순응하게 되었다. 그 결과 오늘의 나는 조금 더 자유롭다.

생각해보면 나는 사과 씨앗인데, 요즘 파인애플이 핫하다고 파인애플이 되게 해달라고 간절히 기도했었다. 파인애플에 좋다는 관엽식물용 토양에 나를 심어 키웠다. 고온 다습한 환경이 좋다고 온실에서 키웠다. 정성을 들인 끝에 새싹이 텄다. 하지만 파인애플은 열리지 않았다.

오늘의 나는 사과 씨앗에 맞게 애지중지 길러준다. 이 씨앗의 가능성을 최대한 키워준다. 그렇게 해서 세상에서 가장 새콤달콤한 사과가 열린다. 이처럼 내가 잘 사는 방법은 가장 나답게 사는 것이다. 이것을 깨달은 나는 두려움과 부정적 마인드의 한계를 넘어 내게 맞는 길을 걷는다. 이것이 곧 자유다.

그 자유 안에서 명상을 하던 어느 날, 내가 변화한 이야기를 책을 통해 남들과 공유하라는 메시지를 받았다. 논리로는 설명하기 어렵다. 고등학교 때 미국으로 온 나는 한국어가 서툴다. 한글로 글다운 글을 써본 게 20년도 전의 일이다. 이런 나이기에 한국어로 책을 쓰는 작가가 되려는 의도는 없었지만 'it found me', 즉 삶이 나를 이 길로 초대했다. 이 길은 내가 좋아하는 작가 파울로 코엘료가 《연금술사》에서 말하는 나의 '퍼스널 레전드Personal Legend'라는 생각이 들었다. 진정한 나를 발견하는 과정에서 배운 것들을 가장 먼저 나의 고향 한국에 있는 가족, 친구들, 그리고 독자들에게 이야기하고 싶었다. 그래서 응답했다, 아임 인(I'm in). 그래, 할게.

그럼에도 불구하고 책을 쓰는 건 쉽지 않았다. 내가 뭐가 특별하다고 글을 쓸까, 너무 사적인 이야기는 아닐까 하는 걱정이 들었다. 이런 글솜씨로 괜히 한국어 책을 쓴다고 한 게 아닐까 후회될 때도 있었다. 괜히 나를 믿어준 출판사를 더 고생시키는 것이 아닌가 싶어 마음이 불편했다. 그럴 때마다 나에게 온 메시지를 떠올렸다. 책을 쓰라는 메시지는 우주가 나를 통해 무언가 창조해 들려주고 싶다는 뜻으로 이해했다. 나는 우주의 메신저일 뿐이라고 생각하며 걱정과 에고를 내려놓았다. 그리고 정성을 다했다. 내가 줄 수 있는 최상의 에너지와 사랑으로 마치 나의 사과나무를 키우듯이, 최선을 다해 글을 썼다. 나머지는 우주에 맡기기로 했다. 될 일이라면 될 것이라 마음속 깊이 믿기 때문이다.

현재진행형으로 지금도 변화하고 있는 내가 이 책을 쓴 이유는 스스로를 이상형으로 여기거나 어떤 큰일을 성취했기 때문이 아니다. 나의 경험과 배움을 통해 의심과 두려움을 떨쳐버리고, 할 수 있다고 믿는 모든 것을 성취할 수 있도록 격려와 용기를 불어넣어주고 싶어서다. 나는 세상을 바꾸거나 이미 일어난 일을 바꿀 수 없다. 하지만 그것을 받아들이는 자세는 얼마든지 바꿀 수 있다. 그리고 내가 할 수 있다면, 모든 사람도 충분히 할 수 있다고 믿는다. 그래서 내 삶을 진솔하게 공유한다. 엄밀히 말하면 내 삶 자체가 아니라 삶을 통해 배운 레슨을 공유하고 싶다. 이런 메시지를 한 문장으로 요약한 것이 이 책의 제목이다. "아임 인(I'm in) : 삶이 초대할 때는 응답하라."

엄마의 몸 속에서 생명이 시작되었을 때부터 삶은 시작되었다. 그리고 그 삶은 이미, 바로 지금, 우리를 통해 흐르고 있다. 삶의 흐름은 깊은 강과 같다. 타고난 흐름이 있다. 그리고 그 흐름은 무한히 지혜롭다. 그 지혜 안에는 우리가 사과 씨앗인지, 파인애플 씨앗인지에 대한 명확한 이해가 이미 있다. 우리의 과제는 그 지혜를 정중히 듣는 일이다. 마라톤이나 스프린트가 아니라 멈춰 서는 것이다. 삶의 초대에 응답하는 것은, 내면의 소리에 귀를 기울이는 것이다.

이제 삶의 초대에 '아임 인'이라고 응답해 정글로 간 실리콘밸리 코치의 이야기를 시작해본다.

2021년 11월
멕시코 정글에서
임애린

1장

그들이 원하는 삶

CHASING THE "SUCCESS"

성공의 배지, 월스트리트
Wall St.

지금 생각해봐도 꿈 같은 여정이다. 뉴욕 월스트리트에서 금융 일을 시작한 것은 2008년이었다. 어릴 적부터 유학을 계획하고 차곡차곡 밟아온 것도 아니었고, 미국에서 일해야겠다는 목표를 세운 것도 아니었다. 다만 이왕이면 넓은 세상에서 공부하고 싶은 마음은 늘 있었다. 부모님도 유학을 가고 싶다는 큰딸의 고집을 꺾지 못했다. 결국 조금은 늦은(?) 나이에, '마지막 2년'이라는 시간을 걸고 캐나다의 보딩스쿨로 유학을 떠났다. 그나마 캐나다 달러가 미국 달러보다 환율이 좋다는 이유였다.

늦게 간 유학이었지만 워낙 뭐든 배우는 것을 좋아하고 적응력 하나는 누구에게도 지지 않는 나였기에(물론 운도 좋았다), 미국 아이비리그 중 하나인 브라운대학교에 입학할 수 있었다.

광주에서 태어나 경기도에서 고등학교를 다니다가 유학을 온 내 앞에 갑자기 드넓은 세상이 펼쳐졌다. 대학에서 만난 친구들 중에는 아시아 재벌가나 미국의 금융계, 유럽의 귀족 출신도 있었다. 영화에서나 보던 세계에 발을 들여놓은 기분이었다.

대학에서 보낸 시간은 앞으로 내가 살아갈 삶의 방향을 정하는 데 큰 영향을 미쳤다. 친구들과 비교 아닌 비교를 할수록 내가 할 수 있는 건 그들보다 더 열심히 하는 것, 그리고 좋은 직업을 갖는 것뿐이라는 확신이 들었다. 무엇보다 부모님께서 나를 유학 보내기 위해 얼마나 희생하셨는지 잘 알았기에 하루빨리 자리잡아서 돈을 벌고 싶었다. 대학 전공을 정할 때 주저없이 경제학을 고른 것도 그 때문이었다. 과학고에서 수학을 배운 덕에 경제학에서 성적을 받기 더 유리하다는 점도 있었지만, 내가 관심 있던 철학이나 심리학을 전공해서 돈을 벌 수 있을까 하는 의구심과 불안을 떨칠 수 없었던 것도 사실이다. 현실적인 선택이 가장 전략적인 선택이라 믿었다.

주변 환경의 영향도 물론 작지 않았다. 대학 시절 누구나 알만한 대기업들이 학교에 리크루팅을 하러 종종 왔다. 뉴욕이나 보스턴에서 일하는 선배들이 깔끔한 블랙 수트와 명품 가방 차림으로 당당하게 걸어오는 모습을 보면 나도 모르게 "아, 저게 성공한 사람의 스타일이지" 하며 미래의 나를 대입해보곤 했다. 컨설팅이나 뱅킹이 무슨 일인지도 정확히 모르면서, 연봉도

높고 CEO들과 중요한 업무를 하는 것 같은 선배들의 모습이 멋져 보였다. 나도 저런 길을 가겠다고 결심한 후부터 다른 커리어는 거들떠보지도 않았다. 하고 싶은 것은 어떻게든 이루어내고야 마는 성격이기에 외국인이라는 핸디캡을 이겨내고 매년 여름 뉴욕에서 금융계 인턴십을 했고, 기업금융 클래스를 톱으로 졸업하고 조교를 도맡아 했다.

피나는 노력 끝에 마침내 뉴욕 월스트리트의 씨티은행에서 첫 직장 생활을 시작했다. 목표를 정한 뒤부터는 돌아보지 않고 달린 덕에, 교수님의 추천을 받아 투자은행 애널리스트로 일하게 된 것이다. 한국의 지방 출신인 내가 세계의 중심이라는 뉴욕에서, 그것도 똑똑한 애들만 간다는 투자은행에서 일하게 되다니! 엄청난 성공이라도 한 것마냥 나 스스로가 자랑스러웠다.

나와 함께 2008년 씨티은행의 애널리스트 클래스에 뽑힌 인원은 100명 정도였다. 하버드나 스탠퍼드대학교에서 나와 비슷하게 인문학 교육을 받은 친구들도 있었고, 와튼이나 뉴욕대학교에서 금융을 전공한 친구들도 있었다. 다들 나보다 똑똑해 보였다. 개중에는 뉴욕 금융계의 유명 인사를 부모님으로 둔 친구들도 있었다. 우리 부모님은 내가 은행에 취직했다고 하니 텔러로 일하는 거냐고 물으셨는데. 게다가 내 해외 생활은 이제 6년 차였다. 즉 영어권 6년 차라 대화의 표현력도 아직 세련되지 않았고 문화는 여전히 낯설었다. 내가 여기서 살아남으려면, 또다시 열심히 하는 수밖에 없었다.

어느 날, 애널리스트 멘토 프로그램에서 알게 된 스티브라는 디렉터와 점심을 먹었다. 스티브는 타이완계 미국인으로 하버드를 졸업한 30대 중반의 엘리트였다. 굉장히 직설적이고 솔직했다. 그는 뱅킹에 대한 환상과 열정으로 가득찬, 일을 통해 세상을 바꾸고 싶어 하는 내 말을 차갑게 끊고 나를 쳐다보며 따갑고 현실적으로 조언했다. "우리가 이제 막 대학을 졸업한 20대 초반에게 억대 연봉을 주는 건 네 스킬을 높이 평가해서가 아니야. 네 시간에 대한 콜 옵션 같은 거지."

콜 옵션은 '살 수 있는 권리'를 뜻한다. 즉 내 시간을 사는 대가 내지는 보상으로 높은 연봉을 주는 거라는 의미였다. 그때는 그 말이 정확히 어떤 의미인지 몰랐다. 그냥 열심히 일하다 보면 나도 언젠가 전무급으로 승진해 스티브처럼 뉴욕 시내에 으리으리한 아파트를 사고 번쩍이는 명품 시계를 차는 삶을 살 수 있을 거라는 막연한 기대뿐이었다. 그 후 4년을 일하는 동안 난 그의 말이 어떤 의미였는지 아주 정확히 알게 되었다.

월스트리트의 직장 생활은 한마디로 치열함, 그 자체였다. 세상을 뒤흔든 큰 사건도 있었다. 전 세계가 경악한 2008년 금융 위기를 직접 겪었다. 대학 2학년 여름에 인턴을 했던 리먼브라더스가 망하는 걸 지켜봤다. 대학 3학년 인턴십을 할 때 55달러였던 씨티은행 주식은 2009년 3월에 0.99달러까지 떨어졌다.

상황이 이러니 은행마다 긴축의 연속이었다.

투자은행 업무는 얼핏 거창하고 흥미진진해 보인다. 클라이언트 회사의 사업 모델을 평가하고 IPO나 M&A 제안을 한다. 이런 딜 실행은 클라이언트사의 미래와 수많은 구성원, 고객들에게 큰 영향을 줄 수도 있는 경영진의 의사 결정을 돕고 실행해주는 일이니 대단해 보일 법도 하다. 하지만 정작 내가 기대했던 전략 논의는 주로 시니어 뱅커와 클라이언트사 경영진 사이에서 이루어졌다. 굉장히 수직적인 분위기의 회사에서 가장 낮은 직급의 애널리스트였던 내 업무는 매일 엑셀로 데이터나 모델 작업을 하거나 파워포인트로 발표자료를 만드는 것이었다. 말이 좋아 데이터 작업이지, 실상은 숫자로 빼곡한 보험 회사 프리미엄의 50개 넘는 탭을 새벽 3시에 입력하고, 경쟁사 30곳의 로고를 가지런히 다듬어 발표자료에 넣고, 새벽 4시에 프린터 앞에서 아침 8시 미팅에 나갈 자료들을 한 장 한 장 검토하며 스프링에 끼우는 일의 반복이었다. 무언가 중요한 대화가 이루어지는 클라이언트 발표나 미팅에는 초대되지 않거나, 초대받아도 할 일이 너무 많아 가지 못하기 일쑤였다. 집에 가서는 서둘러 샤워하고 컨실러로 눈 아래 다크서클만 간신히 가리고는 가장 큰 사이즈의 커피를 사서 다시 사무실로 올라가는 날들의 연속이었다.

생활이 이렇다 보니 건강이 좋을 리 없었다. 불규칙한 식사,

스트레스, 운동 부족, 영양 결핍으로 위궤양이 생겼다. 내 나이 20대 후반에 위궤양이라니 놀라기도 했지만, 건강 염려보다 술을 끊어야 할지도 모른다는 걱정이 앞섰다. '술 없이 스트레스를 어떻게 해소하지?' 그만큼 일에 치이는 나날이었다. 너무 피곤해서 깊게 생각할 겨를도 없었지만, 가끔은 '내가 이런 일을 하려고 아이비리그를 나왔나' 하는 회의가 들기도 했다. 대학에서 나는 이상적이고 자유를 중시하는 리버럴 아츠Liberal Arts 교육을 받았다. '우리는 세상을 바꿀 수 있다'고 배우고 그렇게 믿어왔는데, 내가 지금 하는 이 일로 어떻게 세상을 바꿀 수 있는지 감이 오지 않았다.

그럴 때마다 스탠퍼드대학교 심리학 박사과정 웹사이트에 들어가보곤 했다. 그 대학에 행복happiness을 연구하는 교수님이 계셨다. 행복을 연구하면 나도 행복할 수 있을 것 같았다. 학부 시절 사회심리학 수업을 1등으로 마쳐 교수님으로부터 전공으로 해보면 어떻겠냐는 권유를 듣기도 했지만, 그 전공으로 어떻게 밥벌이를 해야 할지 막막했다. 아직 영어로 읽는 것이 쉽지 않던 터라 읽어야 할 두꺼운 교과서에 겁이 났다. 그래서 상대적으로 쉬웠던 경제학을 전공하고, 대신 시간이 날 때마다 자기계발서나 인간의 심리에 관한 책을 찾아 읽었다. 사람들의 마음과 우리가 사는 집단, 이 사회를 이해하는 공부를 더 하고 싶기도 했고, 여전히 세상을 바꾸고 싶다는 꿈을 꾸기도 했다.

대학 시절에는 대기업 선배들의 모습이 무작정 멋져 보이더니, 이제는 다르게 사는 사람들의 삶도 조금씩 눈에 들어왔다. 아는 언니는 하버드 석사 시절 만난 동기와 결혼했는데, 변호사인 형부는 하루에 18시간씩 일하고 집에 와서는 수학 책을 읽는다고 했다. 결국 그분은 학교로 돌아가 경제학 박사과정을 수료해 적성에 맞는 길을 찾아갔다. 언니 또한 그릇이 큰 사람이라 남편이 꿈을 이룰 수 있도록 물심양면 지원을 아끼지 않았지만, 뉴욕 변호사 사모님으로 살다가 시골에서 박사 기숙사 생활을 하는 현실에 대해 이따금 뼈 있는 농담을 던지기도 했다. 그럼에도 그 부부가 참 멋져 보였다. 나에게는 그럴 용기가 없었다. 일주일에 100시간씩 일하고 쉬는 시간에 겨우 자기계발서를 읽는 것이 나의 낙이자 내가 할 수 있는 최대한이었다. 지금의 고통이 알 수 없는 미래보다 더 안전하다는 것이 나의 믿음이었다.

더구나 그때는 세계가 금융 위기를 겪던 시기였다. 조금만 주의 깊게 살펴보면 부의 양극화가 얼마나 심한지가 한눈에 보였다. '남들이 성공이라 인정해주는 곳, 뉴욕 월스트리트에서 일하는 덕분에 나도 프라다 가방을 들고 까르띠에 팔찌를 하고 다니는 것 아닐까?' 힘들 때마다 명품을 모아둔 옷장을 빤히 쳐다보며 스스로에게 물었다. 학교로 돌아가 하고 싶은 공부를 한다고 해서 세상을 바꿀 수 있을지도 모르겠고, 모든 성공에는 고통이 따르는 법이라고 하니 내게 예정된 길이 더욱 안전해 보였다. 그래서 또 다른 가능성을 고이 접어두고 현실에 순응하는 성실한 애널리스트가 되어, 스스로를 위로하며 하루하루를 살아가고 있었다.

직장인의 시간은 비슷하게 흘러간다. 하루는 길지만 고개를 한 번 숙였다 들면 벌써 계절이 바뀌어 있는 기분이랄까. 어느덧 뉴욕의 직장 생활도 3년을 훌쩍 넘겼다. 비록 회사와 집을 쳇바퀴 돌듯 오가는 삶이었지만, 그 안에서 나름의 재미를 찾는 요령도 생겼다.

오후 5시쯤이면 회사를 슬쩍 빠져나와 요가 클래스에 참석하는 것도 소소한 재미 중 하나였다. 아무 생각 없이 마음을 쉴 수 있는 요가 매트는 나의 성역이었다. 비록 매트 앞에 물병과 블랙베리를 두고 이메일을 실시간으로 확인해야 했지만 말이다. 상사에게 코멘트를 넘겼고, 피드백을 받으려면 몇 시간을 기다려야 하니 그 틈에 자유 아닌 자유를 누릴 생각이었다. 오늘은 빈야사 플로 요가 클래스에 왔다. 하나의 아사나(asana, 요가 포즈를 가리키는 산스크리트어)를 너무 길게 하지 않고 아사나들이 연결되어 하나의 플로Flow처럼 자연스레 이어지는 수업이다. 책상 앞에만 앉아 있어 굳은 근육을 부드럽게 스트레칭하는 것으로 시작한다. 마음의 피로가 쌓인 근육을 풀자 몸뿐 아니라 마음까지 가벼워진다.

10분쯤 지났을까, 이제 막 웜업을 끝냈는데 블랙베리의 불빛이 녹색에서 빨간색으로 바뀌었다. 마음이 쿵 내려앉는다. 함께 요가하는 수강생들이 여기까지 와서 휴대폰을 들여다본다고 달갑지 않은 눈빛을 보낸다. 뒤통수가 따갑지만 무시한 채 쪼그리고 앉아 이메일을 확인한다. 한 시간쯤 지나서 처리해도 될 일이지만 함께 일하는 상사는 '빠르고 정확하게'를 강조한다. 클라이언트에게 최대한 빠르고 정확하게 보내는 것이야말로 훌륭한 서비스라는 것이다.

요가 중에 회사로 돌아가야 할 수도 있겠다고 각오는 했지만 슬쩍 화가 치민다. 몇 주 만에 온 요가인 데다 20달러나 낸 클래스다. 오늘 따라 회사 앞 아이리시펍에서 금요일 5시에 퇴근하고 맥주 한잔을 즐기는 사람들이 왜 그리도 부러운지. 회사로 다시 들어가기 전에 얼른 단골 술집에 들어가 테킬라 샷을 주문한다. 눈치 빠른 주인은 내가 인사하자마자 샷을 건넨다. 빈속이라 그런지 술이 더 뜨겁게 느껴진다. 내 인생인데 내가 할 수 있는 게 고작 이 정도라니, 더 화가 난다. 게다가 술은 빨리 마셨는데 계산서를 받기까지 몇 분이나 걸렸다. '이 사람은 내가 지금 얼마나 중요한 일을 하러 회사로 돌아가는지 알까?' 내 귀중한 시간을 낭비한다는 사실에 더더더 화가 난다. 계산서를 기다리게 하는 바텐더뿐 아니라 이 세상 모든 것이 짜증스럽다. "죽고 싶을 만큼 하기 싫은 일이 아니라면, 그렇게 나쁜 직업은 아냐"라던 며칠 전 친구의 말을 떠올리며 억지로 나를 다독인다.

드디어 퇴근이다. 예약하기도 어렵다는 새로 생긴 스시집에서 나와 같은 뱅커로 일하는 한국인 여자친구와 만나기로 했다. 퇴근 전 화장을 고치며 생기가 도는 내 모습에 피식 웃음이 났다. '아직 죽지 않았네.' 둘 다 스트레스를 해소한다는 핑계 아닌 핑계로 30만 원짜리 스시와 20만 원짜리 사케를 시켰다. 이러니 그 연봉을 받고도 모아둔 돈이 없다고 엄마에게 잔소리를 듣는다.

뉴욕에서 일하면서 친구들과 입버릇처럼 외치던 말이 있었다. "Work hard, play hard"다. 열심히 일한 만큼 열심히 쓰고 열심히 논다는 것이다. 나의 삶은 일정하게 흔들리는 진자의 추, 펜듈럼pendulum 같았다. 아무런 힘이 가해지지 않은 펜듈럼은 중앙에 가만히 멈추어 있다. 펜듈럼을 오른쪽으로 올렸다 놓으면 중력 때문에 중심을 지나 오른쪽으로 올라간 만큼 비슷하게 왼쪽으로 올라간다. 오른쪽으로 더 높게 잡아당기면 그만큼 더 높게 왼쪽으로 올라간다. 일을 많이 하는 나는 소비도, 스트레스 해소도 그만큼 세차게 해줘야 했다. 내 삶의 펜듈럼엔 '자기중심'의 정적인 안정감이 없었다. 친구들을 만나도 이야기는 늘 같은 방향으로 흘러갔다.

"우리는 왜 이렇게 살까? 많이 버는 것 같아도 일하는 시간을 따지면 시급은 이 식당의 웨이터와 비슷할지 몰라. 회사를 그만두고 따뜻한 동남아의 바다가 보이는 레스토랑에서 일하고 책 읽으면서 자유롭게 사는 건 어떨까? 결혼하면 달라질까?"

미래의 희망을 빙자한 하소연이 끊이지 않았다. 분명 내가 사는 인생인데 선택권이 주어지지 않은 채 무언가에 묶여 끌려가는 기분이다.

"애린, 너는 모티베이션 강연자 같은 걸 해보면 어때? 넌 사람들이랑 이야기하는 것도 좋아하고 좋은 조언도 많이 해주잖아. 넌 네가 믿는 것에 정말 열정적이라 너의 이야기를 듣고 있으면 덩달아 나도 용기가 나거든. 얼마 전에 리크루팅 이벤트로 브라운대학교에 갔을 때 네가 학생들 인터뷰도 도와주고 발표한 것처럼 말이야." 친구의 이야기가 그럴듯하게 들리다가도 피식 웃음이 나온다. 나라는 사람이 모티베이션 강연자라니, 지금 내 삶도 어쩌지 못하는데 누가 누구에게 동기부여를 한단 말인가.

친구와 술잔을 기울이며 내린 결론은 한 번도 달라지지 않았다. 이런 시절에는 다닐 회사가 있는 것만으로 감사해야 한다는 것이다. 우리 부모님들은 이보다 훨씬 힘들게 일하셨는데 이 정도 갖고 불평인가. "앞으로 10년쯤 버티면 우리도 더 편하게 일할 수 있을 거야. 뉴욕에 아파트도 한 채 마련할 수 있을지 몰라. 혹시 알아? 부잣집 남자를 만나서 안방마님으로 편하게 살지." 친구와 낄낄대고 수다를 떨며 나는 지금 남들이 부러워하는 성공가도를 달리고 있고, 원래 성공은 쉬운 게 아니라고 다시 주문을 건다.

돌아오는 택시 안에서 한국의 부모님에게 전화를 건다. "넌 항상 택시에서만 전화하더라." 엄마는 반가워하면서도 핀잔을 준다. 택시 안이 아니면 부모님을 떠올릴 여유가 없다. 대화는 항상 똑같다. 내가 힘들다고 불평하고, 엄마는 걱정 반 농담 반으로 한국에 들어와서 일하라고 하신다. 하지만 한국에 간다고 뾰족한 해답이 보이는 것은 아니다. 그래서 엄마와의 통화는 항상 "주어진 일에 감사하며 열심히 살면 무엇이든 될 것"이라는 응원으로 끝났다.

허무한 마지막

Layoff

2012년 초, 모건스탠리에서 보내는 마지막 날이었다. 내 손에서 빼앗아가듯 배지를 수납해가는 인사과 담당과 마지막 인사를 나눌 때까지 믿기지 않았다. 누구보다 열심히 일했기에 마지막은 아름다울 거라 믿었다. 현실은 아니었다. 내 예상과 달리 나는 구조조정 대상자로 지목되었다. 지난 4년 동안 회사를 그만두고 싶다는 생각은 수도 없이 했지만, 차마 그럴 용기가 없었다. 게다가 내게는 성공의 길을 걷고 있다는 아주 탄탄한 자부심도 있었다. 하지만 안타깝게도 우리 팀과 나는 도무지 궁합이 맞지 않았다. 그러던 중 저지른 한 번의 실수로 감원 대상이 되어버렸다. 4년 동안 월스트리트에서 쌓아온 커리어가 그렇게 허무하게 끝났다.

슬프고 두려웠다. 그러나 한편으로는 후련하기도 했다. 내가 원하는 것이 아니라 '남들이 생각하는 성공적인 삶'에 나를 끼워 맞춰온 커리어였다. 신데렐라의 예쁜 구두가 샘이 난 언니들이 맞지 않는 구두에 발을 구겨 넣으려고 하듯, 나도 맞지 않는 일에 스스로를 몰아넣었다. 발뒤꿈치가 까져 피가 났다. 발가락이 오므라들었다. 구두가 망가져도 이 구두를 신어야 한다고 집착했다. 그런데 그런 구두를 가져가버렸다. 그제야 그 구두가 내 것이 아니었음을 깨달았다. 이런 깨달음이 반가우면서 겁이 났다. 이제 내 발에 맞는 구두를 찾아야 했기 때문이다.

"난 이제 뭐하지? 내 인생은 이제 실패한 건가? 사람들한테는 뭐라고 말하지?"

평소 같으면 정신없이 일하고 있을 오전 10시, 회사에서 터덜터덜 걸어나왔다. 타임스퀘어는 어딘가를 향해 빠르게 걷는 사람들로 분주했다. 사진을 찍으며 즐거워하는 관광객들도 보였다. 바쁘지도 즐겁지도 않은 나는 어디로 가야 할지 모른 채 정처 없이 걷기 시작했다. 을씨년스러운 바람에 볼이 차가워졌다. 오만 가지 생각이 밀려왔다. 아마 감원되지 않았더라면 건강이 악화돼 구급차에 실려갈 때까지 회사를 다녔을 것이다. 경험을 더 쌓아 시니어 뱅커가 되어 M&A라는 큰 결정을 앞둔 경영진에게 영향력 있는 조언을 하거나, 아예 클라이언트사의 CFO 같은 그럴싸한 자리로 조인해도 좋겠다는 꿈을 키웠을 것이다.

그리고 나에게는 하루 16시간 넘게 회사에서 동고동락하며 의지가 되어준 입사 동기들이 있었다. 매일 저녁 6시면 다 같이 저녁을 주문해 퀴퀴한 콘퍼런스룸에서 식사하는 것은 지겨웠지만, 그 공간에서 서로 위로해주며 커피 한잔씩 돌리던 그들과의 우정은 내 일상의 지지대였다. 하루 20시간을 컴퓨터 앞에 앉아 엑셀과 파워포인트만 바라보는 애널리스트의 업무는 나란 사람과 너무 맞지 않았지만 그 일이 주는 자부심, 연봉, 동기와의 관계 때문에라도 포기할 수는 없었다. 마치 남편보다 시어머니가 좋아 결혼한 사람마냥, 성공의 강렬한 환상에 취해 내 것이 아닌 것을 내 것이라며 손에 꼭 쥐고 있었다.

엄마에게 미루고 미루던 전화를 했다. 아직도 엄마는 다 큰 딸을 공주라 부를 만큼 나를 애지중지하시는데, 엄마의 기대에 부응하지 못하고 실패했다는 사실이 너무 죄송하고 창피했다. 수화기 너머 1만 1000㎞ 저편에서 들리는 엄마의 목소리에 딸을 걱정하는 마음이 고스란히 묻어났다. 엄마는 내가 얼마나 고집스러우며 자존심이 센지, 얼마나 생각이 많았을지, 타지에서 혼자 이런 일을 겪은 내가 얼마나 힘들었을지 다 알고 계셨을 테니까.

"우리 공주 마음 고생이 심했겠네. 엄마는 공주가 무슨 일을 하든 상관없어요. 공주가 건강하고 행복하면 된단다. 살면서 이보다 더 심한 일도 얼마든지 있으니까 걱정 말아요."

엄마의 따뜻한 위로에 괜히 약한 모습을 보이고 싶지 않아 내가 알아서 잘하겠노라고 무뚝뚝하게 전화를 끊었다. 큰소리는 쳤지만 이제 무엇을 해야 할지 막막했다. 그렇게 싫었던 디지털 리시leash였던 블랙베리가 호주머니에 없다는 것도 허전하고 서운했다. 자유인이 되면 좋을 줄만 알았는데 불안했다. 친구들은 다 미래를 향해 속도를 내고 있는데, 나만 인생의 소중한 시기를 낭비하는 것 같았다. 결국 단 하루의 여유도 갖지 못하고 앞으로의 계획을 세우기 시작했다. 불안하거나 걱정이 될 때면 미래를 더 치밀하게 계획하고 준비하는 것이 오래된 습관이었다.

회사를 다니지 않으니 우선은 인생을 즐겨보고 싶었다. 미국에 산 지 10년이 되어가지만 공부와 일에 내 모든 것을 바치느라 못 해본 게 너무 많았다. 그렇게 웅장하다는 그랜드캐니언에도 가보고 싶었고 그렇게 재미있다는 뮤직 페스티벌도 궁금했다. 캘리포니아 나파밸리를 방문해 평소 좋아하는 와인 테이스팅도 해보고 싶었다. 즐길 계획을 세우고 난 후에야 내 삶을 컨트롤하고 있다는 생각에 비로소 무거운 마음이 조금씩 가벼워지기 시작했다.

고등학교 화학 시간에 배운 원자가 생각났다. 전기가 흐르는 장에 원자atom를 떨어뜨리면 이 원자는 성질에 따라 양극이나 음극으로 끌리게 된다. 하지만 이 장에 외부의 힘이 가해지면 원자는 그 힘에 반응한다. 내가 그 원자고 나의 인생이 장이라고 했을 때, 인생에 나도 모르게 가해진 힘들을 하나씩 제거하고 나면 나의 본질은 어떤 것에 끌리게 되는지 쉼의 시간을 통해 실험해보고 싶었다. 내 길이 아닌 곳에서 좀처럼 빠져나오지 못하는 나를 보다 못한 우주가 내게 원자 실험의 기회를 주기 위해 사직을 결정한 건지도 모른다는 생각이, 처음으로 들었다. 여전히 무엇을 할지는 몰랐지만, 쉬면서 진지하게 생각해보기로 했다. "내가 진정 하고 싶어 하는 일은 무엇일까? 나라는 사람이 좋아하고 잘할 수 있는 일은 무엇일까?"

회사에서 퇴직 위로금으로 6개월치 급여를 준다고 했으니 당분간 돈 걱정은 접어두기로 한다. 지금까지는 성공에 대한 외부의 통념이 워낙 강해서 내 재능이나 하고 싶은 일을 깊이 들여다볼 여유가 없었다. 이제는 가슴 뛰는 일을 해보고 싶었다. 나의 열정과 애정을 오롯이 쏟을 수 있는 일을 하고 싶었다. 그게 무슨 일인지 아직은 전혀 감이 오지 않았다. 그래서 우선 6개월은 쉬기로 했다. 나의 원자를 외부의 힘에서 자유롭게 해, 어떤 일에 끌리는지 나를 더 관찰해보고 싶었다.

2012년 2월 뉴욕은 추웠다. 따뜻한 캘리포니아에 가보고 싶어 샌프란시스코행 비행기에 올랐다. 저널링, 그러니까 감정을

글로 풀어내면 생각을 정리할 수 있고 스트레스도 털어버릴 수
있다고 어디선가 들었다. 그 용도로 구매한 오렌지색 노트 하나
가 내 손에 들려 있었다.

새로운 세상, 실리콘밸리
Silicon Valley

내가 샌프란시스코에 놀러간 2012년은 싸이의 '강남스타일'이 전 세계를 강타하며 유튜브에서 가장 많이 본 영상이 된 해다. 이 절묘한 타이밍에 나는 구글 출신 엔지니어가 창업한 온라인 동영상 기술 스타트업 '우얄라'에서 한국 파트너사 미팅 통역을 도와주게 되었다. 스타트업의 '스'도 모르는데, 그저 한국어와 영어를 다 할 줄 안다는 이유였다.

나의 뛰어난 통역 덕분에(는 아니지만) 한국의 콘텐츠 기술 회사와 우얄라는 10억이 넘는 파트너십을 체결했다. 그래서 나도 덜컥 우얄라에 공식으로 조인하게 되었다. 평소 이야기를 좋아하는 터라 많은 사람들에게 좋은 콘텐츠를 보여주는 일이 흥미로워 보였다. 모국인 한국과 관련된 일을 한다는 것도 의미 있었다. 예전에는 애널리스트로 사무실 책상을 지키며 엑셀과 프레젠테이션 발표작업을 하는 게 주된 업무였는데, 이곳에서는 해외 출장을 다니며 내가 직접 파트너사와 일할 수 있다는 점도 매력적이었다. 몇 달 동안 열심히 놀아도 봤으니, 이제는 회사라는 울타리 안에서 다시 안정되고 싶었다. 그렇게 샌프란시스코에서 두 번째 커리어가 시작되었다.

샌프란시스코는 같은 미국이지만 뉴욕과는 전혀 다른 세상이다. 두 곳의 직장 생활을 비교해보면 이렇다.

나의 뉴욕 직장 생활

- 풀 착장 출근이다. 항상 정장을 입고 메이크업을 하고 하이힐을 신는다. 우리 팀 전무는 신상으로 나온 끌레오 가방을 들고 왔다.
- 일이 일찍 끝나도 일하는 보스나 동료들이 있으면 얼굴을 보여야 한다. 페이스 타임인 거다. 할 일은 없는데 눈치를 보느라 새벽 2시까지 퇴근하지 못하는 일이 비일비재했다. 재킷을 의자에 걸쳐놓고 몰래 회사 앞 바에 가서 친한 동료와 와인을 마시며 보스가 퇴근하기만을 기다린 날도 많았다.
- 과도한 업무보다 더 견디기 어려웠던 것은 수직적인 문화였다. 하고 싶은 말이나 피드백을 삼켜야 했고, 비효율적이고 불공정한 일도 감내해야 했다. 성과평가 자리는 자연스럽게 수박 겉핥기식이 되어갔으며, 서로 불편하지 않을 정도의 말을 건네다 끝나곤

했다. 회사에 충성심은커녕 일할 의욕도 생기지 않았다. 여기는 거쳐가는 일자리일 뿐, 곧 펀드로 이직하거나 대학원에 가려는 동료들이 적지 않았다.

나의 실리콘밸리 직장 생활

- 티셔츠에 청바지를 입고 슬리퍼를 질질 끌고 샤워도 안 한 것처럼 편한(혹은 후줄근한) 모습이다. 회사에 일하러 온 것이니 다들 외양에는 별달리 신경쓰지 않았다. 아까운 마음에 가끔 프라다 백을 들고 출근한 날이면 그렇게 나 자신이 어색할 수가 없었다. 민낯으로 회사를 다니니 잠잘 시간도 더 생기고 피부도 한결 편해지는 것 같았다. 엄마는 서른 넘어서 민낯은 민폐라고 하셨지만 말이다.

- 출근은 아침 10시 즈음이다. 다만 나는 한국 파트너들과 일하다 보니 캘리포니아 시각으로 저녁에 콜이 잦을 수밖에 없었는데, 이런 상황을 배려해 내가 조금 늦게 출근하는 것도 이해해주었다. 출근해서 얼마나 책상 앞에 오래 앉아 있는지보다 얼마나 효율적으로 일하는지를 더 중시하는 문화였다. 일을 다 마치면 왜 집에 안 가고 있는지 의아하게 쳐다보곤 했다. 동료들은 오후 4시면 아이들을 픽업하러 학교로 떠났다. 물론 저녁식사 후 다시 온라인에 접속해 이메일로 답신하지만, 남의 눈치를 보느라 늦게까지 사무실에서 버티는 광경을 볼 일은 없었다.

- 수평적인 문화다. 테크업계의 경험이 전무한 나였지만, 한국 상황이나 파트너들에 대해서는 더 잘 알 거라면서 내 의견을 빼놓지 않고 물어보았다. 애초 바보 같은 질문이란 존재하지 않으니, 묻고 싶은 것은 무엇이든 다 물어보라고 장려했다. 회의에서도 구성원들은 다양한 안건을 놓고 자유롭게 이야기를 나눴다. 회사 직원들이 다 참석하는 올핸즈 미팅에는 이번 핼러윈파티는 어떻게 할지부터 회사가 무료로 제공하는 점심 디저트에 꼭 초콜릿을 포함해달라는 것까지 안건으로 올라왔다. 구성원이 다 함께 만드는 것이 우리만의 문화고, 우리가 다 같이 이끄는 것이 회사라는 믿음이 있었다.

- 보스는 내가 일을 얼마나 잘하는지 칭찬하면서도, 내가 실수할 때면 항상 조용히 서포트해주었다. 실수로 트집을 잡는 것이 아니라 실수에 대해 서로 이야기하면서 나의 성장을 돕고 싶어 하는 그의 마음이 고스란히 느껴졌다. 보스는 서부 생활이나 처음 해보는 스타트업 업무가 낯설고 힘들지는 않은지, 주말은 즐겁게 보냈는지, 한국의 우리 가족은 어떻게 지내고 있는지도 묻고 챙겼다. 내게 이렇게 신경써주는 보스에게 감사한 마음으로 더욱더 적극적으로 일했다.

2014년 여름, 내가 몸담았던 회사 우얄라는 호주 어느 통신사에 인수되었다. 스타트업이 대기업에 인수되면 직원들은 보유한 스톡옵션 등을 행사해 큰돈을 벌 수 있지만, 한편으로는 회사 주식으로 누릴 수 있는 금전적 업사이드가 제한된다는 의미이기도 하다. 스타트업의 가치가 대기업의 가치에 묶이기 때문이다. 이제 우얄라도 대기업의 한 부서가 될 것이었다. 그게 싫어서인지 함께 일하던 똑똑하고 재기 넘치는 동료들이 하나둘 이직을 했다. 나름은 과학고 출신이라 그런지 엔지니어들과 일하는 시간이 고향에 온 것처럼 정겹고 편안했는데, 일하는 사람들이 바뀌면 내가 좋아하는 우리의 문화도 바뀌지 않을까 마음이 뒤숭숭해졌다.

그렇게 진로를 고민하던 중 '500Global(전 500Startups, 이하 500)'이라는 글로벌 액셀러레이터이자 벤처 펀드로부터 투자 유치를 담당하는 디렉터로 와달라는 오퍼를 받았다. 실리콘밸리는 크다면 크지만 사실 작은 세상이라 한 다리 건너면 다 아는 사이로 연결되어 있다. 테크 콘퍼런스에서 만난 500의 창업자 데이브와도 업계의 지인으로 알고 지내는 사이였다. 데이브는 뉴욕의 금융업계와 샌프란시스코 스타트업에서 오퍼레이터로 일한 나의 경험을 높이 샀다. 또 내가 여자고 외국인이라는 점도 미국인 백인 남자가 많은 업계에서 다른 시각을 제공해줄 장점이라 믿어주었다.

스타트업에서 오퍼레이터로 일하다 벤처 펀드로 들어가는 것도 쉬운 결정은 아니었지만, 500의 행보가 너무 멋있어 보였다. 페이팔 엑시트로 돈을 번 데이브는 엔젤 투자자로 활동하다 미국 투자자로는 최초로 해외 스타트업에 좀 더 체계적으로 투자하겠다는 전략 아래 500을 창업했다. 미국 실리콘밸리 벤처업계의 분위기를 고려하면 파격에 가까운 결정이기도 했다.

그때만 해도 스타트업이 성공하려면 당연히 실리콘밸리에 적을 둔 회사로 창업해 미국의 벤처 투자자들에게 펀딩을 받는 것이 정석이라 믿었다. 투자자들은 창업자들이 직접 찾아와 투자 미팅을 하는 것을 당연하게 여겼다. 아직 이룬 것이 별로 없는 회사에는 자금을 가진 투자자가 갑이기 때문이다. 미국 투자자들은 이제껏 그들에게 친근한 투자 패턴, 즉 미국에서 엘리트 교육을 받은 실리콘밸리 백인 남성들에게 투자하고, 자기 오피스까지 찾아오는 스타트업을 만나는 것으로도 딜 소싱은 충분하다고 생각했다. 굳이 스타트업을 만나러 장거리 비행을 하거나 말도 안 통하고 시차 적응도 어려운 타국에 갈 필요성을 느끼지 않았다.

이런 투자 방식은 외국에 있거나, 영어가 모국어가 아니거나 또는 여성인 창업자들에게 불리할 수밖에 없었다. 데이브 역시 미국 사회의 주류인 백인 남성이지만 이런 현상에 거부감을 느꼈다. 그는 창업의 요람이라는 실리콘밸리에서만 좋은 기업이 나오는 것은 아니라고 믿었다. 일본인과 결혼했고 세계 곳곳을 방문하며 글로벌 스타트업 생태계를 오래 지켜본 데이브는 똑똑한 인재나 좋은 아이디어는 실리콘밸리만이 아닌 전 세계에 존재하며, 단지 펀딩 기회가 동등하지 않을 뿐이라는 것을 깨달았다. 이런 구조적 문제를 해결하고 전 세계 스타트업의 펀딩을 돕기 위해 설립한 회사가 바로 500이었다.

한국에서 나고 자라 미국에서 공부하고 일하는 나였기에, 데이브의 이러한 미션이 누구보다 크게 와닿았다. 과학고 동기들만 봐도 스탠퍼드대학교를 졸업해서 구글이나 우야라에서 일하는 동료들에게 결코 밀리지 않을 만큼 유능했다. 단지 그 친구들은 실리콘밸리에 있는 사람들보다 펀딩의 기회나 창업 성공사례를 접할 기회가 적어 창업할 여지가 제한적일 뿐이었다. 이 점을 몸으로 느끼고 있던 차에 500을 통해 내가 겪은 차별과 선입견을 줄일 수 있다는 것, 전 세계 인재들의 창업과 성장에 기여할 수 있다는 가능성에 가슴이 뛰었다. 스타트업 에코 시스템을 통해 더 균등한 기회, 이를테면 외국인 CEO, 여성 창업자, 해외 스타트업에도 동등한 기회가 주어지는 세상을 만드는 데 일조하고 싶었다. 세계 곳곳을 다니며 펀드를 유치하고, 그 펀드를 통해 가능성을 눈여겨본 창업자들에게 투자함으로써 세상을 바꾸어간다니 이 얼마나 가슴 뛰는 일인가? 내가 데이브의 오퍼를 그 자리에서 수락한 이유였다.

입사 한 달 만에 나는 베를린에서 열리는 스타트업 콘퍼런스에 회사 대표로 참석했다. 투자 유치를 위해 유럽의 투자자들을 만나는 것도 일정에 넣었다. 유명 콘퍼런스에 발표자로 참석하면 회사 인지도를 높일 수 있고, 스타트업 대표들과 친분을 쌓거나 투자 미팅을 할 때에도 유리하다. 이렇게 중요한 일을 갓 입사한 새내기에게 맡기는 것은 실리콘밸리다운 결정이었고, 500의 문화를 여실히 보여주는 단면이었다. 실패를 걱정하기보다 믿을 수 있는 인재에게 중요한 과제를 맡겨보고 잘하도록 돕는 것이다. 나 역시 이러한 믿음을 알기에 더 열심히 일할 수밖에 없었다. 출장을 온 베를린에서는 소호하우스라는 부티크 클럽의 호텔에서 지냈다. 멤버십이 있어야 들어갈 수 있는 클럽으로 뉴욕, 런던, 말리부에서는 미국 영화배우들과 모델들이 주로 지낸다는 곳이다. 세상을 바꾸는 일을 하면서 이런 대접을 받는다니, 나도 뭔가 중요한 사람이 된 것 같았다.

세상을 바꾸는 일

I want to change the world

더 많은 사람에게 세상을 바꿀 기회를 주고 싶다는 데이브의 미션처럼, 500이 투자한 회사의 창업자들은 꿈과 희망, 열정으로 가득 차 있었다. 그들이 성장하는 모습을 지켜보면서 내 가슴도 덩달아 뛰었다.

문득 모건스탠리에서 일하던 시절 KFS Korea Finance Society라는 비영리기관을 창립하고 운영하던 생각이 났다. KFS는 뉴욕 금융계에서 성공한 유대인들이 똘똘 뭉쳐 서로 돕는 걸 보고 우리 한국인들도 그렇게 해보자는 취지에서 시작한 단체다. 누가 시킨 것도 아니고 금전적 보상이 돌아오는 자리도 아니었지만, 평소 존경하는 분들과 좋아하는 친구들을 모아 조언도 듣고 좋은 기회가 생기면 나눌 수 있다는 게 즐거웠다. 그래서 아무리 회사 일로 바빠도 KFS의 운영에 관해서는 최선을 다했다. 모르는 분을 연사로 모시기 위해 콜드콜을 마다하지 않았고, 이벤트 홀을 예약하려고 한여름 더위에 흰 블라우스가 땀으로 흥건해지는 줄도 모른 채 점심시간에 뉴욕 한복판을 뛰어다녔으며, 회원 모집을 위해서라면 나 스스로도 놀라울 정도의 설득력을 발휘했다. 잠자는 시간도 부족한 시절이었지만 좋아하는 일을 하고, 그 일을 통해 다른 사람들에게 기여하고 있다는 사실에 힘을 얻었다.

지금은 미국판 명품 당근마켓이라는 컨셉으로 우리나라에도 잘 알려진 더리얼리얼The Real Real의 창업자 줄리 웨인라이트 Julie Wainwright를 만난 것도 500에서였다. 중고 명품 이커머스인 더리얼리얼은 2011년에 창업해 2019년에 성공적으로 IPO를 했고, 줄리는 지금도 대표로 회사를 운영하고 있다. 나는 500의 연말파티에 키노트 스피커로 참석한 줄리의 발표를 도우며 그녀를 자세히 알게 되었고 큰 감명을 받았다. 줄리는 이른바 연쇄창업자로, 닷컴버블 시절 잘나갔던 반려동물 이커머스인 '펫츠닷컴'의 CEO를 맡은 유능한 인물이었다. 그러나 상장 후 1년도 되지 않아 닷컴 붐이 꺼지면서 회사는 폐쇄를 결정했고, 펫츠닷컴은 '상장 후 가장 빨리 문을 닫은 회사'라는 오명을 뒤집어썼다. 설상가상으로 남편마저 이혼소송을 내는 바람에 줄리는 굉장히 힘든 시간을 보냈는데, 그 때문인지 더리얼리얼을 창업하기까지 10년이 넘게 걸렸다.

데이브는 줄리가 한 번 실패했음에도 망설이지 않고 믿고 투자해주었다. 회사 경영에 실패한 것은 물론 개인적인 아픔을 딛고 일어선 그녀와, 그런 그녀를 믿고 지원해주는 투자자가 있다는 것이 바로 실리콘밸리의 매력이다. 줄리는 세련됐고 카리스마 넘쳤으며, 겸손하고도 자신 있게 회사에 대해 소개했다. 줄리를 보며 실패해도 다시 도전하는 그녀의 용기를 응원했다. 나도 그녀처럼 세상에 기여하는 멋진 삶을 살고 싶었다.

줄리를 만날 즈음, 나는 모교인 브라운대학교 기업가 클럽 Entrepreneur Club과 대학생 창업을 지원하는 벤처 포 아메리카 Venture for America라는 비영리기관의 이사로 활동 중이었다. 시간 날 때마다 모교에 방문해 기업가 클럽 학생들에게 실리콘밸리의 한가운데에서 보고 들은 생생한 경험을 나누어주었다. 벤처 포 아메리카를 통해 창업한 학생들에게는 내가 아는 투자자를 연결해주었다. 내게는 이미 일상의 일부분이 된 이야기들이었지만, 실리콘밸리의 스타트업이 뽑고 싶어 하는 인재상은 무엇인지, 채용 인터뷰 준비를 어떻게 하면 좋을지는 그들에게 새롭고 유용한 정보였다. 이제 갓 열아홉 살이 된 친구들이 내 이야기를 들으며 눈을 반짝일 때면 저절로 나의 대학 시절이 떠올랐다. 미국에 아는 사람 한 명 없이 온 터라 취업 준비에 누구보다 발품을 많이 팔아야 했고, 그 과정에서 많은 선배들의 도

움을 받았다. 그때 받은 도움을 조금이나마 돌려준다고 생각하
자 뿌듯한 동시에 마음의 빚을 더는 기분이 들었다.

한국에서 열린 스타트업 콘퍼런스에도 500을 대표해 스피커
로 참석한 적이 있는데, 이때도 미국 스타트업이나 펀드와 일하
면서 느끼는 문화적 차이와 소통의 문제 등에 대해 나의 경험
을 최대한 공유했다. 내 소소한 이야기가 얼마나 도움이 될지
염려되었지만, 미국 진출을 꿈꾸는 한국 스타트업들은 현지에
서 온 생생한 정보라며 열심히 듣고 고마워해주었다.

내가 진정한 일의 '의미'에 대해 본격적으로 생각하게 된 것
이 어쩌면 그때였는지도 모르겠다. 나의 이야기를 공유하는 일
은 남을 돕는 것처럼 보이지만, 돕는다는 행위는 나의 마음을
더 따뜻하게 만들고 내 삶에 의미를 부여해 나의 인생을 더 풍
부하게 한다. 또한 이런 일련의 경험은 내가 어떤 일을 하고 어
떤 사람들과 교류할 때 에너지를 얻고 신이 나는지 알게 해주
었다. 더 나은 세상을 만들고자 하는 창업자들을 돕는 것은 분
명 중요하고 멋진 일이었다.

500에 다니는 동안 만나게 된 이들이 창업자들만은 아니었
다. 500의 일원으로서 내가 만나 도움을 준 이들 중에는 스타
트업 창업자가 아닌 경우가 외려 더 많았다. 500의 동료들과
디파이벤처스Defy Ventures라는 비영리기관의 기업가 프로그램

을 통해 교도소의 재소자들을 만난 것도 그중 하나였다. 미국의 수감자 수는 500만 명이 넘는데, 상당수가 출소 후 경제적 자립에 실패해 다시 범죄를 저질러 감옥으로 돌아온다. 디파이 프로그램은 재소자들이 제2의 삶에 적응하고 안착하는 데 필요한 기술, 인맥, 마인드 등을 전수하는 봉사활동이다. 재소자들을 만나는 데 거부감이나 두려움은 없었지만, 특별히 기대하는 바도 없었다. 하지만 이 프로그램에서 나는 지금도 마음이 따뜻해지는, 잊지 못할 경험을 하게 되었다.

그중 하나는 선언문을 낭독하는 시간이었다. 큰 체육관 한가운데에 줄을 놓고 수감자와 자원봉사자들이 서로 마주 보고 선 다음, 사회자가 큰 소리로 선언문을 읽으면 그 내용에 해당하는 사람들이 줄 위에 가서 선다. 선언문이라고 해서 대단한 것은 아니고 가벼운 대화 소재인 취미를 묻는 것에서 시작한다. '나는 힙합을 좋아합니다', '나는 산책을 좋아합니다'로 시작해 좀 더 개인적인 이야기('나는 4년제 대학을 졸업했다', '나는 고등학교를 자퇴했다')로, 그리고 정말 개인적인 이야기('내가 어른이 되기 전 부모님 중 한 분이 돌아가셨다', '나는 걸핏하면 총소리가 들리는 동네에서 자랐다', '나는 잡히든 말든 폭력을 저질렀다')를 거쳐, 마지막으로 자아성찰적 이야기('나는 끊임없이 나 자신을 판단하는 것 같다', '아직 나 자신을 용서하지 못한 게 있다')로 이어진다.

선언문을 듣는 수감자들과 자원봉사자들 모두 착잡한 표정이 된다. 누가 뭐라 한 것도 아닌데 자신의 삶을 돌아보게 된다. 마음으로 느끼는 아픔이 눈물로 흘러나와 나도 모르게 눈가가 촉촉해졌다. 자원봉사자 가운데에도 범죄를 저질렀던 이들이 있었다. 부모님이 처리해주신 덕에 수감을 면한 행운아(?)들이었다. 대부분의 수감자들에게는 그런 부모님이 없었다. 아니, 재소자의 절대다수는 인생에서 자원봉사자들과 같은 기회를 갖지 못했다. 가난한 환경에서 자랐고 폭력적인 이웃을 두었으며 부모에게 학대당했고, 주위에 긍정적인 롤모델은커녕 '넌 아무것도 되지 못할 거야'라는 말을 듣고 자랐다. 그들은 인생 최악의 잘못으로 자신의 존재가 기억되기를 원치 않았다. 누군들 그러할까. 그렇다고 그들이 저지른 범죄가 정당화되는 것은 아니지만, 나는 수감자를 영원한 범죄자가 아닌 나와 같은 사람으로 바라보고 싶었다. 수감자들이 처한 상황, 삶의 단면을 더 자세히 들여다보고 도움을 주고 싶었다.

나는 그들이 사회로 돌아가면 하고 싶은 사업 이야기를 듣고 의견을 주는 일을 맡았다. 그들은 값싼 연민이나 동정이 아닌, 동등한 입장에서 정직한 피드백을 받기 원했다. 그들의 이력서를 꼼꼼히 들여다보고 스타트업과 일한 경험을 바탕으로 조언해주니, 그들의 눈에서 무한한 감사의 마음이 읽혔다. 그들로서는 누군가의 관심을 일대일로 받는 게 처음일 수도 있었다. 시간이 지날수록 그들이 점점 수감자가 아닌 동료처럼 느껴졌다. 우리 사이에 놓인 마음의 장벽이 서서히 사라졌고, 악수도 하고 함께 웃고 춤을 추었다.

프로그램을 마치며 감사의 시간을 가졌다. 수감자들은 자신에게 가장 큰 도움이 되었던 자원봉사자들에게 조그만 티켓 하나를 선물로 주었다. 나와 이야기를 나눈 수감자들이 준 티켓이 두 손이 넘치도록 쌓였다. "애린, 네가 가장 많이 받았는데?"라며 같이 봉사활동을 한 친구가 농담을 건넸다. 티켓을 보니 마음이 뭉클해졌다. 금화마냥 지금도 보관하고 있는 이 티켓들은 나눔을 통해 따뜻해지는 마음을 기억하는 나의 보물이다.

더 나은 세상을 만들겠다는 창업자들을 돕는 것은 분명 중요하고 멋진 일이지만, 누군가의 인생을 바꾸는 일이 스타트업 세상에서만 가능한 것은 아니었다. 나도 모르게 '누군가의 인생을 직접적으로 바꿀 수 있다는 건 이런 것이구나. 이런 일을 해보면 어떨까?' 하는 생각이 들었다. 어차피 한 번 사는 인생, 내 인생을 통해 다른 사람의 삶을 바꾸고 세상을 바꾸는 것만큼 의미 있는 일이 또 있을까, 해보고 싶다는 열정 비슷한 마음이 생겨났다.

물론 어떻게 해야 세상을 바꿀 수 있는지는 알지 못했다. 막상 큰 그림을 그리고 먼 곳을 내다보니 부담스럽게 느껴졌다. 현실과의 괴리가 건너지 못할 강처럼 막막했다. 내가 그런 일에 합당한 그릇인지도 알 수 없었다. 그래서 작게나마 지금 할 수 있는 일부터 해보기로 했다.

생일에는 친구들과 모여 파티를 하곤 했는데, 특별히 2016년 생일에는 솔라노 교도소로 돌아갔다. 수감자들과 함께하는 봉사의 시간을 갖기 위해서였다. 나에게는 비록 하루이지만, 이 하루를 통해 수감자들은 인생이 바뀌는 경험을 할 수도 있다. 하루 종일 봉사를 하고 저녁에는 밀린 회사 일을 하느라 몸은 피곤했지만 그들에게 쏟은 나의 애정과 관심은 몇 배의 에너지로 돌아와 나를 충만하게 채워주었다. 직업, 나이, 피부색을 떠나 서로 인간으로 이해하고 이해받는 시간은 내가 나에게 줄 수 있는 가장 뜻깊은 생일선물이 되었다.

그때까지 나는 우리 회사를 대표해 회사 대 회사로 파트너십을 맺는 일을 했다. 물론 파트너사 분들과 개인적인 친분을 쌓아 친구가 될 때도 있었지만, 어떻든 우리의 관계는 회사의 이해관계에 묶여 있었다. 솔라노 교도소 봉사활동을 통해 회사 대 회사가 아니라 인간 대 인간으로 진솔한 관계를 맺으며, 그 과정에서 나를 공유하는 경험을 통해 전혀 예상치 못했던 에너지를 얻었다. 이 에너지는 내 안의 무엇인가를 꿈틀거리게 했다. 2016년의 생일, 나의 잠재력과 가능성이 세상 밖으로 살짝 고개를 들기 시작했다.

2장

내게서 멀어지는 삶

SUFFERING

진정한 집이란
What is home

회사에서 집에 오자마자 피곤한 몸을 이끌고 침대로 직행한다. 나이트 크림을 간신히 바르고 불도 껐지만, 습관처럼 휴대폰에 손을 뻗는다. 데이팅 앱을 체크하기 위해서다. 이제 서른이 넘었으니 슬슬 결혼하고픈 마음이 드는데 아직 싱글이다. 단순히 결혼이 급하다기보다는 누군가를 사귀면 삶이 안정될 것 같다는 기대가 있다. 샌프란시스코에 온 지 3년이 넘었지만 이 도시는 여전히 내게 차갑고 낯설다.

데이팅 앱을 열어보니 얼마 전 연결된 데렉이라는 남자에게서 답장이 와 있다. 피곤함이 확 사라지며 심장이 빨리 뛰기 시작한다. 한두 번 해보는 연애는 아니지만 언제나 시작은 설레는 법이다. 데렉은 미국 중부 출신의 신경외과 전문의다. 한창 유명했던 미국 메디컬 드라마 〈그레이 아나토미〉에 나온 잘생기고 매력적인 주인공과 이름도 직업도 같다. 학부는 MIT, 심지어 미국에서 가장 들어가기 힘든 의대 중 하나라는 UCSF에서 레지던트를 하고 있다. 조건이 1순위는 아니지만, 조건이 좋아서 나쁠 건 없다는 생각에 더 마음이 들떴다.

데렉과의 첫 데이트는 순조로웠다. 룰루를 데리고 동네 언덕으로 하이킹을 갔는데 첫 만남에서 무려 6시간이나 대화를 나눴다. 룰루는 게으른 주인을 만나 매일 집에서만 생활하다 오랜만에 밖에 나오니 힘든지 자꾸 멈춰 쉬었다. 나는 우리의 페이스가 처질 것 같아서 룰루를 잡아끄는데, 데렉은 오히려 룰루가 목이 마른 것 아니냐며 물을 줘본다. 처음 만났지만 차분하고 마음 따뜻한 사람이라는 게 행동에 묻어났다. 그렇게 데렉과의 연애가 시작되었다.

내가 그에게 끌린 가장 큰 이유는 그의 성실하고 순수한 마음이었다. 데렉은 내가 본 누구보다 머리가 비상하고 추구하는 가치가 분명한 사람이었다. 자신의 재능으로 돈을 벌기보다 세상을 더 좋은 곳으로 만들고 싶다는 삶의 목적이 또렷했다. 이런 그와 함께라면 어디에서든 잘 살 것도 같았다.

그러나 한편으로 앞날을 약속하기에는 우리 사이에 쉽사리 허물어지지 않을 것 같은 두꺼운 벽이 있었다. 그는 장차 뇌과학을 연구하는 교수가 되고 싶어 했는데, 미국에서 의대에 임

용되기란 보통 어려운 게 아니다. 1년에 한두 자리 채용공고가 날까 말까여서 되기만 하면 어디든 감사하며 가야 하는 게 현실이었다. 반면 나는 뉴욕이나 샌프란시스코 같은 대도시에 살고 싶다는 욕구가 강했다. 어쨌든 나는 외국인이기에 인종이 좀 더 다양한 대도시가 편했기 때문이다.

그의 가족과 만난 자리에서도 비슷한 이야기가 오갔다. 그의 부모님은 무척 따뜻한 분들이었다. 하지만 데렉이 졸업하면 어디로 갈 것 같은지 이야기하며 은근슬쩍 우리의 미래를 물어보시는 게 부담스러웠다. 난 부모님이 계신 한국으로 돌아가고 싶기도 했고 한국이 아니라면 한국과 가까운 싱가포르 등 아시아 어딘가도 좋을 것 같았다. 그렇지만 데렉은 미국 자격증을 소유한 의사이기에 미국을 떠날 수 없었다. 사랑도 중요했지만 미국 외진 곳에서 배우자에게만 기대어 살아야 할지도 모른다고 생각하니 덜컥 겁이 났다. 아빠에게 의지해 살아온, 썩 행복한 것 같지만은 않은 엄마의 인생이 생각났다. 엄마는 '박태임'이라는 개인보다 아빠의 아내, 애린이의 엄마가 먼저인 삶을 살았다. 항상 자신을 마지막에 챙기시느라 자신을 잃어버린 것 같은 엄마처럼 살기는 싫었다. 아직 아무 일도 일어나지 않았는데, 나의 자유를 벌써 빼앗기기라도 한 것처럼 마음이 불편했다.

그 와중에 회사 일은 점점 바빠졌다. 500이 한국 펀드를 론

칭하면서 나도 몇 배는 더 신경을 썼고 출장도 자주 다녔다. 한 번의 출장에 한국, 일본, 홍콩, 싱가포르 등을 방문했고 콘퍼런스 참석에 투자자 미팅, 스타트업 대표들과 아침부터 저녁까지 만나다 보면 하루가 어떻게 가는지 모를 지경이었다. 물론 데렉과 중간중간 연락은 했지만 이런 일정을 소화하면서 한국과 캘리포니아 시차까지 고려해 통화하기란 쉽지 않았다. 서운해할 그의 마음을 알기에 인터넷이 잘 터지는 조용한 곳을 찾아 통화를 시도했지만, 전혀 다른 서로의 세상을 확인할 뿐이었다. 행사를 성공적으로 마치고 늦게까지 뒤풀이를 하는 나의 활달한 삶과 정반대로 그는 18시간 동안 삶과 죽음을 넘나드는 뇌수술을 하고 집에 와서 샤워만 하고 다시 병원으로 돌아가는 정적인 삶을 살고 있었다. 둘의 삶은 색깔도 온도도 달랐다. 더욱이 데렉은 물질적 욕심도 세속적 관심도 없는데, 그런 그가 내 일을 이해할지, 내가 원하는 멋진 삶을 이해할지, 내가 추구하는 가치에 공감할지 자신이 없었다.

결국 우리는 헤어지기로 했다. 세상에 이로운 일을 하고 싶어서 연구를 택했다는 그의 신념은 존경하지만, 난 조금 더 편하고 재미있고 자유로운 삶을 살고 싶었다.

다만 헤어지면서 그가 한 말이 오래도록 마음에 남았다.

"나는 너를 사랑하고, 네가 나를 사랑하는 것도 알아. 하지만 나는 네가 자신을 좀 더 사랑했으면 좋겠어."

도무지 이해할 수 없는 말이었다.

"나는 내 일에 만족하고, 나를 인정해주고 좋아하는 사람도 많은걸? 나는 제법 멋지게 살고 있고 이런 나를 충분히 사랑해"라고 반박하며 그를 떠났다. 하지만 정곡을 찌른 그의 마지막 말, 어쩌면 내가 마주하고 싶지 않았던 진실은 마음의 주변을 계속 맴돌았다.

나는 연인과 헤어질 때면 이별을 상대방의 탓으로 돌리곤 했다. 나는 문제가 없고 항상 그들의 잘못이었다. 그런 나의 어떤 점이 문제였을까. 데렉은 그토록 선량하고 나를 조건 없이 사랑해주었으니, 과오가 있다면 내 쪽일 것 같았다. 비록 자존심 때문에 그의 앞에서는 인정하지 않았지만, 처음으로 내 행동을 곱씹어보기 시작했다. 그간 우리가 겪었던 문제들, 우리가 헤어진 이유⋯ 그런 끝에 겨우 깨달았다. 데렉의 말이 틀리지 않았다는 걸. 나는 나를 사랑하지 않았다.

그간 나는 스스로 안정되지 않았기에 조건을 내세워 사랑했다. "당신이 나를 사랑해주면, 내가 이렇게 행동할 텐데"라는 식으로, 내가 사랑이라 믿었던 사랑을 요구했다. 내가 스스로에게 주지 못한 사랑을 상대방을 통해 얻으려 한 것이다. 터무니없고 유치한 나의 요구를 그가 아무리 채워주려 노력해도 내가 느끼는 부족함은 끝이 없었다. 당연했다. 그것은 세상에서 오직 나만이 줄 수 있는 사랑이었기 때문이다. 스스로를 사랑하지 않는 연애는 아무리 물을 부어도 한없이 목마른 연애가 될 뿐이다. 나도 그도 지칠 수밖에 없었다.

그가 여전히 그리웠기에, 내 잘못을 알았다고 고백하며 다시 만나자고 해볼까 고민도 했다. 그러나 나에게는 해결해야 할 '무언가'가 있었다. 먼저 자신을 사랑하는 법을 배워야 했다. 그 숙제를 끝내지 않으면, 즉 내가 변하지 않으면 다시 만나더라도 똑같은 패턴을 반복할 것이 뻔했다.

단호한 결심이었지만 이별은 너무 고통스러웠다. 내가 관계를 망쳤다는 자책도 심했다. 복잡하고 아픈 마음을 그대로 두었다간 어떻게 될 것 같았다. 문득 요가가 떠올랐다. 대학 시절 시작한 요가는 어려운 일을 겪을 때마다 나를 보호해준 성역과 같았다. 요가 매트에서 워리어 포즈를 취하면 내가 인생의 어려움과 싸워 나가는 전사가 된 듯했다. 요가 후에는 마치 성당 첫 줄에 앉아 기도하듯 차분해지고, 나를 괴롭히는 생각들이 모습을 감추곤 했다.

치유와 안정이 필요했기에 내친김에 요가 리트리트를 찾아보았다. 수련과 휴식을 겸하는 리트리트는 대개 도시에서 떨어진, 자연이 아름다운 조용한 공간에서 운영된다. 참가자들과 선생님들은 아침에 한두 시간, 오후에 몇 시간씩 함께 요가를 하고 좋은 문구를 나눈다. 식사로는 텃밭에서 키운 채소로 만든 건강식이 나온다. 좋은 것을 먹으니 정신까지 자연스레 정화된다. 자연의 리듬을 따라 해가 지면 자고 해가 뜨면 일어난다.

리트리트를 검색하다 우연히 빅서라는 곳에 있는 에설런 인스티튜트Esalen Institute의 명상 리트리트가 눈에 띄었다. 에설런은 기존 교육으로는 채울 수 없는 정서적 교육을 위해 스탠퍼드 출신의 두 명이 1962년에 설립한 비영리 대안교육기관이다. 이곳이 추구하는 가치를 읽으며 태평양을 마주한 절벽의 아름다운 사진을 보니 나에게 딱이라는 생각이 들었다. 명상이 뭔지는 잘 몰랐지만 망설임 없이 빅서로 향했다.

에설런에서 만난 명상 선생님 로마에게 하소연을 시작했다.
"남자친구와 헤어져서 힘들어요. 남자친구가 제게 집 같은 존재였나 봐요."
데렉과 헤어지고 그의 빈자리에 외로워하며 집을 사무치게 그리워했다. 한국에서도 열다섯 살부터 기숙사 생활을 했고 그 후에는 미국에 와서 가족과 줄곧 떨어져 지냈다. 한국과 미국 사이에서, 지금의 가족과 내가 꿈꾸는 미래의 가족 사이에서 나는 오랫동안 '집'을 갈망했다. 나에게 집이란 내가 완벽히 받아들여지는 공간이다. 따뜻하고, 안전하고, 사랑받는 공간이다. 데렉과의 관계에서 집을 찾았지만 그는 이제 없었다.
"애린이 갈망하는 집은 네 안에 있단다. 외로울 때마다 몸을 감각으로 느끼며 너의 정신과 연결해보렴. 그게 진정한 집으로 돌아가는 연습이란다."

로마 선생님의 이야기를 듣는데 울컥하며 눈물이 났다. 반박할 수 없는 진실임을 알고 있었기 때문이다. 내가 집이라 생각하는 구체적인 믿음들, 이를테면 미래의 배우자나 가족을 통해 외로움을 채우고자 발버둥치는 내가 보였다.

로마 선생님을 처음 만난 순간이 지금도 또렷하다. 따뜻한 할머니가 손녀를 꼬옥 안아주는 듯 평온한 존재감이 내 마음을 채웠다. 나도 저런 존재감을 키우고 싶다는 생각이 절로 들었다. 로마 선생님은 두 번째 임신 중에 허리 디스크 5개가 파열돼 전신이 마비되었다고 했다. 꼬박 5년을 침대에 누워 고통스러워했고, 이 고통을 완화하기 위해 명상을 배웠다. 명상을 통해 아주 서서히, 선생님은 두려움과 슬픔을 내려놓는 법을 터득해 깊은 상실감에서 빠져나왔다. 다행히 세 번째 수술 후 기적적으로 다시 걸을 수 있게 되었고, 회복 후에는 자신을 지탱해준 명상을 가르치는 선생님이 되었다.

로마 선생님의 가르침을 받으며 처음으로 내 몸의 감각을 느끼는 시간을 가졌다. 선생님의 말씀처럼 내 안의 집을 찾고 싶은 간절함이 있었다. 선생님은 심장이 어떤 감각을 느끼는지 눈을 감고 느껴보라고 하셨다. 조용히 집중해보니 가슴 아래쪽으로 아련하고 쓰린 감각이 느껴졌다. 도수 높은 위스키 샷을

들이켠 것 같기도 하고, 자책할 때 느끼는 기분과도 비슷했다. 그런 기분을 느낄 때마다 '어려운 감정들'이라고 간단히 분류해 의식적으로 억눌러왔다. 짧은 인생에 좋은 감정만 느끼며 살기도 부족하다고 생각했다. 하지만 선생님은 모든 감정은 우리의 경험이니 굳이 '좋고 나쁨'을 판단할 필요가 없다고 하셨다. 감각은 그냥 감각일 뿐이라고.

집중과 몰입을 거치니 심장에서 느끼는 다른 감각들도 더 세밀하게 느껴졌다. 선생님은 그런 감각을 다른 신체 부위에서도 느껴보라고 하셨다. 가령 내가 심장에서 느끼는 감각을 발에서도 느낄 수 있냐고 물었다. 나에게 발이란 걸어다니는 수단이자 페디큐어를 받는 신체 부위인데, 그런 발에서 어떤 감각을 느낀다는 건지 생소하고 어렵기만 했다.

"발에서는 아무것도 느껴지지 않아요."

선생님은 감각을 느끼는 것도 경험을 통한 기술이라며 계속 연습해보라고 하신다. 눈을 감고 깊고 느리게 심호흡을 하며 마음이 차분해지기를 기다린다. 그리고 정신을 집중해 피부가 아닌 발 내부의 감각을 느껴본다. 그러기를 3일째, 마치 고무줄로 묶어서 피가 통하지 않던 손가락에 갑자기 피가 도는 것처럼 드디어 '감각'이 느껴졌다.

신체의 감각을 알아차리는 연습을 통해 나는 내 몸을 다시 발견했다. 그동안 나에게 몸이란 나를 표현하는 주체이자 아름답게 보이기 위한 대상이었다. 하지만 이번 명상으로 자아와 정신이 내 몸을 타고 내려오는 것을 느꼈다. 내 몸이 느끼는 감각을 통해 인생을 충만하게 경험하는 것이다. 이 연습을 하면서 그동안 내가 몸이 아닌 머리에서만 살아왔음을 깨닫는다. 어릴 적부터 숙제한다고 하면 심부름하지 않아도 되는 세상, 공부만 잘하면 많은 것이 면제되는 문화에서 자랐다. 나는 지적 능력을 향상시키는 데에만 집중했고, 그 결과 머리와 생각이라는 파트에서 인생의 대부분을 보냈다. 로마 선생님과의 연습을 통해 나는 머리뿐 아니라 가슴, 배, 허리, 다리 등 몸의 모든 곳에 내가 존재함을 깨닫고 내 자신을 더 깊게 경험하게 되었다.

명상을 하며 내가 찾은 답은 단답형이나 일직선으로 그어지는 정답이 아닌 깊은 곳에서 우러나는 지혜였다. "집이 어디인가요?" 하고 묻는 나의 질문에 "당신의 집은 한국입니다"라는 답이 돌아오지는 않았다. 대신 새로운 답을 얻었다. "집을 찾고 싶다는 염원 뒤에 숨겨진, 당신이 진실로 필요로 하는 것은 무엇인가요? 집이 주는 안정감, 따스함, 보호감인가요? 그 모든 것은 이미 당신 안에 존재합니다. 당신이 할 일은 집에 대한 집착이나 갈증, 걱정을 놓아버리는 것입니다. 그래야 그 뒤에 숨겨진 당신의 집에 갈 수 있어요."

내려놓음으로 채우는 지혜였다. 공기를 가득히 쥐고 싶다고 주먹을 꼭 쥐면 오히려 주먹 안에는 공기가 없는 것과 같았다.

명상을 통해 내가 원하는 것을 얻기 위해 더이상 발버둥 치지 않아도 된다는 것을 깨닫고는 마음이 놓였다. 내가 마음의 소리에 귀를 기울이는 순간 이미 내 삶은 그것들로 채워진다는 걸 직접 경험했다. 로마 선생님과 함께한 리트리트는 항상 머리로 먼저 이해하고 '아는 것'을 중시하던 나에게, **내 몸을 통해 경험으로 직접 느끼는 것**의 힘을 깨닫게 해주었다. 아직은 애매하고 쉽지 않은 연습이었지만 내 몸을 통해 직접적으로 경험했기에 잊을 수가 없었다. 이는 훗날 흔들릴 때마다 나를 안정시켜 주는 중요한 명상법이 되었다.

또다시 안정을 찾아, 그리고
The call that changed my life

패션에 트렌드가 있는 것처럼 실리콘밸리에도 트렌드가 있다. 우리나라에서 싸이월드가 인기를 끌다가 페이스북, 인스타그램으로 넘어간 것처럼 말이다. 나는 전 세계적으로 '액셀러레이터'라는 컨셉이 인기를 끌던 시절에 운 좋게 500에서 근무했다. 미국과 한국을 비롯해 일본, 동남아 등에 500펀드를 론칭하는 일을 하며 재미있는 사람들도 많이 만나고 많이 배웠다.

그런 한편 인기만큼이나 빠르게 성장하는 회사에서 인프라의 취약함이나 사내정치로 스트레스를 받기도 했다. 내 업무 중 하나는 자금 유치였는데, 미팅에서 거절당하면 회사가 아닌 나라는 개인이 거절당하는 것 같아서 감정적으로 힘든 적도 있었다. 더 본질적인 문제는 내가 더이상 이 일에 흥미를 느끼지 못한다는 사실이었다. 아무리 핫하다는 회사에서 세계 각국으로 출장을 다니고 잘나간다는 창업자들과 친하게 지낸다 해도 언제부터인지 동기부여가 되지 않았다.

사회 생활 10년째, 직장인으로서 나의 패턴이 슬슬 눈에 들어오기 시작했다.

1단계 : 남들이 좋다는 회사, 잘나간다는 회사에 지원해 인터뷰를 열심히 해서 운 좋게 입사.

2단계 : 처음 6개월은 새로운 일을 배우고 새로운 동료들을 사귀는 것이 재미있어서 열심히 일한다.

3단계 : 1년 정도 성장한 후에는 아웃풋을 내며 인정받기 시작한다.

4단계 : 내가 잘한다 싶을 때는 안심하다가도 도전 기회가 주어지지 않으면 지루함을 느낀다.

5단계 : 가끔은 승진이나 연봉 인상을 협상한다. 하지만 거기서 오는 의욕은 몇 개월 가지 않고 또다시 지루해진다. 마음속에 채워지지 않은 무언가가 항상 있다. 내게 맞는 일이 무엇일지 생각하며 이직을 고려해본다. 다른 회사에 들어가서 다른 역할로 돈을 더 벌면 공허함과 갈증이 채워질 것이라 기대한다.

6단계 : 다시 1단계로 돌아간다.

뉴욕의 투자은행, 실리콘밸리의 스타트업, 샌프란시스코 벤처회사를 거치며, 2~3년마다 업종과 직장을 바꾸는 나의 패턴은 단순히 회사의 문제가 아니었다. 처음부터 내가 좋아하는 일을 택하기보다 '남들 눈에 좋아 보이는' 길을 좇느라 첫 단추부터 잘못 끼운 탓이었다. 지금이야 이렇게 말하지만, 30대 초반의 나는 여전히 무슨 일을 하고 싶은지 몰랐다. 아니, 정확하게 말하면 하고 싶은 일이 무엇인지 감은 왔지만 더 알아보려는 용기나 자극이 없었다.

나는 항상 사람들의 속마음, 그들이 어떤 생각이나 느낌으로 결정을 내리는지가 궁금했다. 왜 나는 화나는 일이 그들에게는 아무렇지 않은지, 나에게는 상관없는 것들이 어째서 그들에게는 큰 힘이 되는지, 사람들의 마음이 너무 궁금했다. 친구들에게 상담이나 조언을 해줄 때면 시간 가는 줄 몰랐다. 멘토를 찾아가 조언을 얻고 그들의 사고방식을 배우는 것도 좋아했다. 없는 시간을 쪼개가며, 졸린 눈을 비비며 읽는 책들은 모두 심리학이나 인간관계에 관한 것들이었다.

내가 팬으로 몇 년째 팔로하고 있고, 직접 강연에도 참석해본 작가들도 벤치마킹해보았다. 한 명은 수치심shame과 상처 vulnerability를 연구하는 미국인 교수이자 작가인 브레네 브라운 Brene Brown이고, 다른 한 명은 우리가 인간관계에서 얻고자 하는 자유와 안전이라는 두 가치 사이의 긴장을 연구한 벨기에 출신의 심리치료사인 에스터 페렐Esther Perel이다. 브레네 언니는 수치심과 상처를 공유함으로써 어떻게 더 친밀감을 형성할 수 있는지를 설명한 《취약성의 힘Power of Vulnerability》을 2012년 출간했다. 이를 바탕으로 한 그녀의 2014년 테드 강연은 조회수가 5500만이 넘는다. 에스터 언니는 결혼 같은 장기적 관계로도 해소할 수 없는 인간의 욕구 및 외도infidelity에 대한 《왜 다른 사람과의 섹스를 꿈꾸는가Mating in Captivity : Unlocking Erotic Intelligence》를 2009년 출간했다. 이와 관련한 테드 강연 조회수는 1800만이 넘는다.

둘 다 자기 업종에서 20년 이상의 경험을 쌓은 베테랑이다. 그들이 자신의 연구를 할 때는 유명해지고 싶은 마음보다 그들이 좋아하는 일이기 때문에 시작했다고 생각한다. 누가 '수치심'이나 '외도'에 대한 연구를 해서 베스트셀러를 쓰고 전 세계를 돌아다니며 강연하는 사람이 될 것이라 예상했겠는가? 그러나 이들의 연구 분야는 시간이 지난 오늘날 미국에서 가장 인기 있는 연구 주제 중 하나가 되었다. 지금의 위치에 오르기까지 자신의 길을 꾸준히 걸은 그들의 용기가 멋져 보였다. 부러웠다. 사람의 마음과 욕망을 깊게 들여다보며 더 확장된 의미를 부여한 이들의 테드 강연과 책에서 큰 영감을 받고, 나도 그들처럼 되고 싶다는 꿈을 꾸기도 했다. 나도 인간관계와 인간의 마음을 연구하고 나 자신을 성장시키고 싶었지만, 어떻게 해야 그런 일을 생업으로 유지할 수 있을지는 막막했다. 학교로 돌아가야 하나? 하지만 경제학 전공자를 심리학 석사과정에 받아주기나 할지, 설령 입학하더라도 미국의 비싼 학비와 생활비를 어떻게 감당할지 걱정이었다. 졸업하고 무슨 일을 할 수 있을지도 여전히 의문이었다. 30대인데 새로운 업계에서 새내기로 시작하는 것도 조금은 자존심 상하는 일이었다. 이런저런 고민 끝에 관심사는 말 그대로 관심의 영역으로 남기자고 마음먹었다. 나에게 커리어란 남들이 인정하는 일, 안정된 일을 하는 것이었다.

이런 고민을 하는 와중에, 샌프란시스코에 있는 은행에서 '스타트업 CEO 관계관리relationship management' 일을 맡아달라고 제안을 했다. 뉴욕을 떠난 지 5년 만에 다시 은행으로 돌아갈 거라고는 상상도 하지 못했다. 어찌 보면 한 발자국 퇴보하는 게 아닌가 싶었지만, 스타트업에서 5년쯤 일하니 대기업의 안정적인 조직문화와 넉넉한 보너스가 좋아 보였다. 은행이라 해도 실리콘밸리에서 스타트업을 대상으로 하는 회사이니 뭔가 달라도 다를 거라 믿고 계약서에 사인했다.

안정적인 길을 택했지만 마음이 편하지만은 않았다. 하루는 이런 꿈을 꿨다. 내가 좋아하는 DJ의 공연을 보기 위해 지하철에서 내려 구글맵으로 장소를 찾는데 그날따라 인터넷이 터지지 않았다. 공연장이 어느 쪽인지도 모른 채 급한 마음에 무작정 걷기 시작했다. 마주치는 사람들에게 공연장을 물어보는데 그때마다 다른 방향을 가리켰다. 화도 나고 초조하기도 해서 어느새 달리기 시작했다. 그 길이 맞는 방향인지도 모른 채 말이다. 그 모습이 내가 커리어를 찾는 과정처럼 느껴졌다. 무엇을 해야 할지 모르니 자꾸 남들에게 물어보고 있었다. 친구들은 모두 성공가도를 달리는데 나만 뒤처지는 기분이었다. 진짜 열심히 사는 것 같은데 내가 어디로 가고 있는지 도무지 알 수가 없었다.

한바탕 폭풍우가 몰아치고 나면 큰 나무가 강에 떠내려가는 걸 볼 수 있다. 아직 건강한 줄기에 푸른 잎을 단 채 정처 없이 강을 따라 흘러간다. 나의 삶이 마치 그런 나무 같았다. 그렇게 떠다니다 다시 은행으로 돌아온 것이다.

새 직장에 출근하는 첫날이었다. 3주 후면 벌써 크리스마스인데 뭘 할지 결정하지 못한 터였다. 남자친구와 헤어지고 맞는 첫 연말을 혼자 보내기는 싫고, 입사하자마자 한국에 다녀오겠다고 휴가를 내자니 뭔가 염치가 없다. 이럴 때 나의 해결사가 있다. 바로 우리 엄마다.

"엄마, 이번 연말은 샌프란시스코에서 보내는 거 어때? 며칠 하와이도 다녀올까?"

언제나 밝은 엄마, 게다가 딸의 연락이라면 한밤중에도 바로 답을 주는 우리 엄마다. 입이 귀에 걸리게 행복해하며 "우리 공주우~~~ 당연히 가야지! 언제 가면 좋을지 공주 스케줄 보내 줘!"라는 반응이 나와야 정상이다.

그런데, 뭔가 이상하다.

"공주야. 사실은 엄마가 조금 아파."

"아, 엄마 감기 걸렸어? 그럼 낫고 오면 되지."

엄마는 아무 말이 없다. 재미없게 왜 그러냐고 투덜댄 후 전화를 끊었다. 검소한 엄마니까 비행기표나 경비가 걱정되어서 그런 건가? 아빠에게 '고자질'에 가까운 카톡을 보냈다. 엄마 좀 꼬셔서 미국에 보내달라고.

"애린아, 엄마가 대장암 4기란다."

휴대폰을 들여다보며 걷다 나도 모르게 걸음을 멈췄다. 머리가 멍해졌다. 이게 무슨 드라마에 나올 법한 소리지? 그 건강한 우리 엄마가? 매일 유기농 음식을 드시고 하루에 두 시간씩 등산 다니고, 채소도 꼬박꼬박 챙겨드시는 우리 엄마가? 다시 한번 아빠의 메시지를 천천히 읽어보았다. 대장암 4기. 주변에서 암 환자를 본 적이 없어서 이게 정확히 얼마나 아프고 나쁜 건지, 어떤 상황인지 감이 오지 않았다.

엄마는 혹여 당신의 병이 나에게 짐이 될까 봐 말하기 꺼리셨는데, 아빠에게 얘기를 들으셨는지 엄마에게서 다시 카톡이 온다. "엄마는 괜찮다. 걱정 말고 회사 일 열심히 해요, 멋진 아

가씨. 엄마는 꼭 나을 거고 그때 같이 하와이 또 가자. 이번에
는 미안해."

대학 1학년, 친구들은 나를 '에너자이저 버니'라 불렀다. 건
전지 광고에 나오는 그 에너지 넘치는 핑크색 토끼다. 밤새 도
서관에서 숙제하고도 아침이 되면 새로 시작되는 하루에 신이
났다. 수업이 끝나면 강에서 열정적으로 로잉rowing 연습을 마치
고는 도서관에 가서 공부를 했다. 30분마다 할 일을 정해놓고
알차게 살았다. 내가 이렇게 에너자이저 버니로 살 수 있었던
건 엄마 덕분이다. 엄마는 내가 아는 모든 사람 가운데 가장 긍
정적이고 활동적이며 에너지 넘치는 사람이다. 그런 엄마는 나
의 가장 열성적인 팬이었고, 내가 무슨 일을 하든 무조건 나를
믿어주고 밀어주셨다.

미국에 올 때도 마찬가지였다. 브라운대학교 입학서를 받고
유학 가고 싶다고 했을 때 아빠는 반대하셨다. 한국에서도 좋
은 대학을 나와 안정적으로 살 수 있는데 왜 미국까지 가느냐
는 거였다. 아빠는 해외에 산 경험도 없고 영어도 능숙하지 못
한 내가 최고로 똑똑한 애들만 모인다는 아이비리그에 가서 힘
들어하고 상처만 받고 돌아오지나 않을지 걱정하셨다. 반면 엄
마는 우리 딸이 가고 싶다면 무조건 가라고 하셨다. 엄마는 당
신이 학비 때문에 대학을 포기한 걸 후회하시며 나에게는 하
고 싶은 건 다 해보라고 격려해주셨다. 미국 생활에 지쳐 '한국

가서 결혼해서 부모님 옆에서 편하게 살고 싶다'고 할 때마다, 엄마는 여자도 경제활동을 해야 하고 굳이 결혼하지 않아도 행복하게 살 수 있다며 내가 가진 옵션들을 존중하고 응원해주셨다.

엄마는 모든 사람들을 따뜻하게 대했고 칭찬을 아끼지 않는 분이었다. 세상에는 나쁜 사람이 없다고, 항상 주변 사람들을 도우며 착하게 열심히 살라고 하셨다. 초등학교 시절 나보다 두 살 어린 동생은 받아쓰기 시험을 보면 10개 중 2~3개를 맞아오곤 했다. 말문이 늦게 트여 언어 발달이 늦었던 것이다. 하루는 그런 동생이 4개를 맞아 왔다. '난 항상 100점 맞는데 4개가 뭐람' 하며 내심 그런 동생이 창피했는데 엄마는 "우리 아들 오늘은 너무 잘했네! 이번에는 어떻게 4개나 맞았어? 고생했어, 아들!" 하고 다소 과할 정도로 칭찬하셨다. 그러고는 이해를 못 하는 내게 칭찬이 사람에게 얼마나 큰 힘이 되는지를 조곤조곤 설명해주셨다. 10개를 다 맞는 게 중요한 게 아니라 3개 맞던 아이가 4개를 맞는 발전이 훌륭한 거라고. 이런 엄마의 칭찬과 사랑은 나에게 단순한 즐거움이 아니라, 새로운 것을 용기 있게 시도하게 하는 원동력이 되어주었다.

엄마는 카톡이 생긴 후 하루도 빠짐없이 같은 문자를 보내왔다.

"우리 공주님, 오늘도 화이팅!"

엄마의 응원이 내게는 너무 당연했다. 가끔은 매일 같은 말만 보내는 엄마가 아쉽기도 했다. "고마워요, 엄마" 아니면 "엄마도요"라고 짤막하게 답했다. 그것도 가끔씩. 어차피 내일도 올 문자였으니까.

엄마의 마지막 선물
Farewell, mother

엄마 아빠와 화순 전남대학교병원 암센터에 가서 다시 검사를 받았다. 분당 서울대학교병원에서 검진을 받았지만 다른 병원에서 세컨드 오피니언을 받아야 한다고 내가 우겨서 간 자리였다. 검사 후 의사 선생님이 환자가 아닌 보호자만 들어오라고 불렀다.

"종양이 대장과 신장에 많이 퍼져 있는 상태입니다. 수술은 어렵고, 하루빨리 항암치료를 시작해야 합니다. 항암치료를 안 하시면 평균 3~4개월 정도 남았다고 생각하시면 됩니다."

똑같은 진단이다. 머릿속으로 가능한 옵션과 선택지의 의사결정 트리가 바쁘게 돌아간다. 항암치료를 할 것인가, 안 하면 어떤 방법이 있는가. 갑자기 아빠의 목소리가 들린다. 사고회로가 멎는 느낌이다.

"엄마한테는 말하지 말자."

순간 화가 치밀었다. 엄마의 생명과 관련된 일인데 엄마에게 비밀로 하자고? 아빠는 그게 정말 엄마를 위하는 거라 생각하신 걸까? 눈앞에 닥친 마지막 순간을, 엄마답게 인생을 마무리할 시간을 드리는 것이 인간에 대한 존중이 아닐까?

"엄마한테 당연히 말씀드려야죠."

"그럼 네가 하렴."

진료실을 나와 대기실에 앉아 있는 엄마를 향해 가는 발걸음이 무겁기만 하다. 겨울 눈에 젖어 가뜩이나 무거운 부츠를 한 발짝씩 뗄 때마다 물 묻은 발자국이 남았다. 젖은 발자국은 엄마를 향했다. 아빠는 담배 한 대 피우고 오겠다며 다른 쪽으로 가셨다. 그렇게 나와 엄마만 남았다. 나에게 생명을 준 엄마에게, 이제 당신 생명이 얼마 남지 않았노라고 말씀드렸다. 엄마는 눈이 휘둥그레지며 "그래, 얼마나 남았대?"라고 물으셨다. 말이 끝나기도 전에 엄마의 눈에 눈물이 고였다. 아, 정말 아무것도 모르셨구나. 그 눈을 보며 3~4개월이라 말하기는 너무 잔인하다.

"아마 6개월에서 1년 정도…." 말이 나오지 않았지만 내가 울면 더 마음 아파할 엄마임을 알기에 씩씩한 척하며 말을 돌렸다.

"이제 집에 가자, 엄마. 배고파."

아직은 건강하고 아픈 데도 없다는 엄마의 손을 잡고 병원을 나섰다. 검소한 엄마지만 우리 딸 맛있는 거 해준다고 장을 보러 가서 비싼 겨울 딸기에 큼직하고 살이 많이 붙은 꼬막을 잔뜩 담으셨다. 저녁에는 이모들과 사촌들까지 다들 모여 앉았다. 4남 4녀 중 셋째이자 큰딸인 엄마에게는 역시 이모들이 최고인 것 같다. 나와는 교류가 거의 없었지만 그래도 피는 물보다 진하다고 이렇게 모이니 사람 사는 분위기에 마음이 따스해졌다. 언제 서른이 넘었냐며 나를 보고 반가워하시는 이모와 이모부들은 아니나다를까 왜 시집은 안 갔냐, 만나는 사람은 있냐, 엄마 아프신데 빨리 한국 들어와야 하는 거 아니냐고 입을 모은다. 나름의 애정 표현인 것을 알기에 나는 그냥 웃는다.

한 달 동안 회사를 휴직하고 한국에 돌아왔다. 엄마와 시간을 더 보내고 싶은 바람, 엄마와 함께 있지 않아서 생기는 죄책감과 의무감 때문이었다. 역시나 시차 때문에 도착하고 며칠은 정신이 없었는데, 동생은 그런 내가 마땅치 않은 기색이었다. 엄마의 하루 세끼를 챙겨야 하는데 누나라는 사람이 음식을 잘하는 것도 아니고, 그렇다고 한약을 달일 것도 아니고, 아픈 엄마를 돌본다고 와서는 잠만 잔다고 생각하는 모양이었다. 나도 못마땅하기는 마찬가지였다. 동생이 사는 중국은 미국보다 훨씬 가까운데 오히려 나보다 왕래가 뜸하다. 엄마가 아프신데 뭐가 그렇게 바쁘고 중요하단 말인가.

그런 와중에 또 말다툼이 일어난다. 둘 다 예민한 성격인 데다 엄마의 병환이 우리를 더 예민하고 힘들게 만든다. 어릴 적부터 큰딸이라고 부모님의 사랑을 듬뿍 받으며 하고 싶은 것은 다 하고 살아온 나였다. 공부도 잘했고 자신감이 넘쳤고 성격도 활달했다. 동생은 특별히 말하진 않아도 누나와 비교되는 것이 반갑지 않았을 것이다. 고등학교 때부터 각자의 길을 걸어온 우리는 15년이라는 시간 뒤에 너무도 다른 사람이 되어 있었다. 나는 자본주의, 개인주의 그 자체인 미국에서 교육을 받고 금융계에서 일하는 반면, 동생은 사회주의 체제인 중국에서 공부하고 유교 철학에 기반한 중의학 전문의로 일하고 있다. 동생은 고생해가며 엄마를 보살피는데 자신이 전공한 중의학을 존중하지 않는 내가 서운한 모양이었다. 나는 장녀로서 내가 결정하는 데 익숙했고, 동생은 의사로서 나보다 더 해박하니 자기 말을 들어주었으면 했다. 엄마의 항암치료 여부를 두고 우리는 마치 전장에서 만난 듯 치열하게 다퉜다.

그러는 동안 엄마는 점점 아기가 되어갔다.

한번은 엄마가 고통을 참지 못하고 병원에 가자고 하셨다.

"공주야, 부탁해서 미안한데 엄마 옷 좀 입혀줘."

엄마는 꼿꼿해진 몸 때문에 혼자 옷을 입을 수 없다. 옷을 다 벗은 엄마의 등을 보니 가느다란 뼈가 불거질 정도로 말랐다. 대장암이 엄마의 몸에서 생명을 빨아들이고 있는 것 같았다. 복수가 가득 찬 배만 막달을 향해 가는 임신부처럼 볼록 튀어나왔다. 혈액순환이 되지 않으니 다리의 부종도 심하다. 거동이 어려워진 엄마는 겨우 침대 가장자리에 앉았다. 입혀드린 셔츠는 왜소해진 체격 때문에 어색하게 커 보였다.

"엄마 다리 들어봐, 이제 바지 입자."

엄마는 다리를 들어올리기 위해 부푼 배를 천천히 밀어올린다. 움직임이 매우 느리다. 그 속도조차 고통스러운 듯 엄마의 호흡은 더 가빠진다. 오른쪽 다리를 바지 한쪽에 밀어넣고 왼쪽 다리를 올린다. 아직 한쪽 다리만 넣었을 뿐인데 옷을 입는 엄마나 입히는 나나 콧등에 땀방울이 맺힌다. 일부러 한 치수 크게 산 고무줄 바지인데도 복수가 가득한 배에는 벌써 고무줄 자국이 깊이 패여 있다. 마음에도 자국이 남는다. 화가 나고 슬프다. 엄마는 어린 나를 이렇게 옷 입히며 키우셨을 텐데 이제는 내가 엄마 옷을 입혀드린다. 죽음이 다가오는 길목에서 이렇게 우리의 역할이 뒤바뀐다. 바뀐 역할이 나는 아직 낯설고 서툴기만 하다. 무엇보다 무력한 아기가 되어가는 엄마의 현실을 받아들일 준비가 전혀 되어 있지 않다.

바지를 다 입자 엄마는 흔들리지 않는 낙천주의와 씩씩함으로 "고마워. 우리 공주가 세상에서 가장 좋은 딸입니다"라며 내 손을 꼭 잡았다. 눈물이 글썽한다. 나는 혹여나 눈물이 떨어질까 시선을 피하며 "응, 이제 병원 가자"라고 답한다.

가톨릭 신자인 엄마는 호스피스에 들어갈 시기가 되자 광주가톨릭대학교 호스피스 병동을 선택하셨다. 오래된 건물이라 에어컨도 시원치 않고 시설도 허름했다. 그래서인지 엄마는 더욱더 집을 그리워하셨다.

말기암 환자는 고통을 줄이기 위해 모르핀 주사를 맞으면 정신이 몽롱해지는데, 어느 날 엄마 얼굴에 유독 생기가 돌았다. "공주야, 오늘 하루는 집에 가서 시원하게 지내고 오자"고 하신다. 병원에서 외출 허가를 받아 집으로 향한다. 오랜만에 집에서 수박도 먹고 시원한 에어컨 바람을 쐬니 엄마도 기분이 좋으시다.

그날 밤, 엄마와 내가 안방 침대에서 자는데 쿵 하는 소리에 잠이 깼다. 엄마가 침대에서 떨어져 이마를 부딪힌 것이다.

"엄마, 왜 그래? 괜찮아?"

아빠도 소리를 들으셨는지 뛰어들어오셨다. 엄마는 이제 마음대로 거동을 못하시니 그런 엄마를 침대로 올리려면 나와 아빠 모두의 힘이 필요하다. 그런데 부축하려는 우리에게 갑자기 엄마가 소리를 지른다. "나 죽이지 마!"

그 순간 현관 벨이 울린다. 경찰이다. 우리가 자고 있을 때 엄마가 "남편이 나를 죽이려고 하니 빨리 와서 구해달라"고 신고했다는 것이다. 엄마의 휴대폰을 보니 경찰뿐 아니라 이모들과 사촌들에게 똑같은 내용으로 문자를 잔뜩 보냈다. 나와 아빠는 따로 경찰 조사를 받는다. 우리는 상황을 설명한다. 내가 그 옆에서 자고 있었고 아무 일도 일어나지 않았노라고. 엄마는 이제 집이 무섭다고 병원에 가고 싶다고 하신다. 그날 우리는 병원 응급실에서 밤을 보낸다.

나는 엄마에게 모든 상황을 차분히 설명하려 한다. 엄마가 세상에서 가장 사랑하고 아끼는 딸이니 다른 사람들은 못 믿어도 나는 믿겠지. 내가 하는 말은 이해하시겠지. 나는 엄마가 예전의 모습으로 돌아올 수 있다고 믿고 싶었다. 하지만 간에서 해독하지 못한 독소가 뇌로 침투해 엄마는 치매를 앓기 시작했다. 그렇게 밝고 착한 우리 엄마였는데. 나는 지치고, 겁이 나고, 앞으로 일어날 일이 두려웠다.

다음 날 호스피스의 의사 선생님께 간밤에 생긴 일을 말씀드린다. 선생님은 이런 상황에서는 논리적인 대화가 어려우니 그냥 웃으면서 엄마 말씀을 잘 들어주라고 하시며 약을 처방한다. 약은 엄마의 두려움을 진정시킬 만큼 강력한 효과를 발휘했고, 그만큼 정신도 둔해졌다. 죽음을 앞둔 이들에게 '인간의 존엄성'은 허락될 수 있을까? 죽음의 과정을 잘 보내는 방법은 무엇일까? 생각이 많아졌다.

나는 비겁하게 미국으로 돌아간다. 아빠 혼자 남겨두고 말이다. 회사 핑계를 대긴 했지만, 사실 이 상황이 너무 힘들어서 비겁하게 도망치는 것이다. "엄마, 잘 있어. 나 지금 공항 가는데, 곧 또 올게." 작별 인사를 하며 눈시울을 붉힌다. 약을 먹은 엄마는 한마디도 하지 못하고 멍한 얼굴로 나를 바라볼 뿐이었다. 그 눈빛에 엄마가 사랑하는 딸은 보이지 않는다. 그 눈빛에 나의 일부가 사라져버리는 기분이다.

2017년 여름, 미국으로 돌아온 지 이틀 만에 어머니가 돌아가셨다는 연락이 왔다. 급하게 다시 한국행 비행기를 타고 돌아오니 이미 장례가 치러지고 있었다. 나도 빠르게 검은 상복으로 갈아입고 손님을 맞았다. 슬픔이 가득한 와중에 예상치 못한 감정, 감사함이 밀려든다. 극심한 고통에 눈물 흘리던 엄마가 이제는 육체적 고통에서 풀려나 자유로운 영혼이 되었다는 사실이 감사하다.

내가 겪은 가족의 장례식은 8년 전쯤 외할머니 장례식이 처음이자 마지막이었다. 외할머니는 일하는 부모님을 대신해 동생과 나를 돌보셨는데, 옛날 분이어서 그런지 남동생만 애지중지하셨고 어린 나는 그게 너무 서운했다. 벽장에 숨겨둔 과자는 항상 동생 차지였다. 외할머니에게 내 동생은 자랑이자 기쁨이었고, 그런 이유로 외할머니가 돌아가셨을 때 옆에서 "할매, 할매"를 외치며 서럽게 우는 동생이 조금은 낯설게 느껴지기도 했다.

엄마의 장례식은 달랐다. 엄마는 세상에서 나를 가장 사랑하는, 오늘의 나를 있게 한 사람이자 나를 세상에 발붙이게 하는 앵커, 닻 같은 존재였다. 내가 어디로 가야 할지 몰라 방황할 때마다 엄마의 낙천주의, 관대함, 친절함은 미지의 바다를 향해하는 내 인생 보트의 돛에 힘을 불어넣어 주었다. 이런 엄마의 마지막 순간을 함께하지 못한 것이 너무도 후회스러웠다. 엄마는 마지막 순간 내가 얼마나 보고 싶으셨을까. 이 생각만 하면 심장이 쪼그라드는 것처럼 아팠다.

장례가 끝났다. 고맙게도 친구들이 광주까지 와서 함께해주었지만, 무슨 정신으로 보냈는지 모를 만큼 멍한 상태로 장례를 치렀다. 미국으로 돌아오고 나니, 장례의식을 치러냈을 뿐 마음으로 엄마를 보내드리지는 못했다는 사실을 깨달았다. 형식적인 장례식이 아닌, 마음을 담은 나만의 추모의식을 따로 하고 싶었다. 그래서 마음의 고향 같은 버닝맨으로 향했다. 축제가 한창인 사막, 유대감을 나누던 친구들과 함께 버닝맨의 템플The Temple에서 엄마를 추모하고, 엄마를 위해 쓴 편지를 낭독해 친구들에게 엄마의 삶을 들려주었다. 버닝맨의 마지막 날, 템플이 불타는 동안 그렇게 엄마와 작별 인사를 했다. 엄마가 좋은 곳으로 가셨기를 기도했다. 당신의 사랑 덕분에 오늘의 내가 있음을 감사했다. 엄마가 그렇게도 사랑한 딸은 엄마의 마지막 부탁처럼, 착하고 열심히 인생을 살아가겠다고 약속했다.

슬픔이란 전쟁터에 꽁꽁 숨어 있는 지뢰 같다. 겉으로는 아무렇지 않아 보이지만 발을 잘못 디디면 무작위로 터지는 것처럼, 어디서 튀어나올지 모른다.

콘퍼런스에 참석하기 위해 포르투갈 출장을 갔다. 클라이언트들과 저녁을 먹는데 나도 모르게 그 폭탄을 밟았는지 갑자기 엄마 생각에 걷잡을 수 없이 눈물이 쏟아졌다. 함께 콘퍼런스에 참석한 친구 제러미가 울고 싶을 때는 실컷 울라며 구석으로 나를 데려간다. 제러미는 아픈 순간도, 슬픈 순간도 외면하지 말고 소중히 여기라고 당부한다. 그는 18년 전에 아버지를 떠나보냈지만 지금도 1년에 몇 번씩은 아버지가 그리워 자다가 울면서 깬다고 한다. 시간이 흐를수록 아버지에 대한 추억이 가물가물해지고 슬픔의 정도나 횟수도 줄어든다며, 그렇게 자신에게서 아버지가 서서히 잊히는 것이 안타깝기만 하단다. 나 역시 엄마를 잊게 될까 두렵지만, 당장은 급작스럽게 찾아온 이 깊은 슬픔을 받아들이는 것이 너무 어렵다. 화려한 호텔에 머물며 세계적인 투자자들과 스타트업 창업자들과 함께하는 공식적인 자리, 그러나 모든 것이 공허하기만 했다.

포르투갈에서 샌프란시스코로 돌아오는 비행기가 불안정한 기류 때문인지 평소보다 많이 흔들렸다. "설마, 비행기가 추락하면 어떡하지?" 갑자기 두려워지며 삶에 대한 집착이 몰려왔다. 삶은 공허했지만, 이대로 죽기에는 아쉬운 게 너무도 많았다.

엄마의 육신이 소멸하는 과정을 겪으며 잘 사는 삶에 대해 생각했다. 엄마를 보내드리며 내 삶에 대해서도 생각했다. 잘 사는 삶이란 무엇인가. 고민을 거듭하면서 도달한 몇 가지 결심을 적어두었다.

첫째, 언젠가는 한국에 돌아가야 할 것 같다는 생각에서 벗어날 수 있었다. 마음 한구석에는 늘 장녀의 도리, 즉 한국에 돌아가 부모님을 돌봐드려야 한다는 생각이 있었다. 엄마가 돌아가시고 내가 살고 싶은 삶에 진솔해지며 나는 한국도 미국도 아닌, 장소에 구애받지 않는 자유로운 삶을 살기로 비로소 마음먹었다. 내가 느끼는 외로움이나 안정에 대한 갈망이 한국에 간다고 해결되지 않는다는 것을 이제는 안다. 나중에 돌봐드려야 할 것 같은 아빠에 대한 걱정은 그때가 되면 생각하기로 했다.

둘째, 남의 시선에서 좀 더 자유로워졌다. 엄마와 같은 날 태어난 나는 엄마 인생에서 가장 큰 자부심이자 사랑이었다. 엄마는 내가 무엇을 하건 "우리 공주가 최고다"라고 하셨다. 그때는 당연한 듯 흘려들었지만 엄마는 내가 무엇을 이루어서가 아니라 나라는 사람의 존재 자체를 사랑해주셨다. 그리고 그 사랑으로 오늘의 내가 되었다. 이런 엄마의 사랑을 존중하기 위해서라도, 나 역시 매 순간 나라는 사람을 그 자체로 받아들이고 사랑해준다. 남들에게 인정받고 사랑받고 싶어 그들에게 맞추어 살려는 조바심을 내려놓는다. **남의 시선이 아닌 나에게 중요**

한 것, 나에게 솔직한 삶을 살자고 다짐한다. 그것이 내가 나를 아끼고 사랑하는 방법이다.

셋째, 나에게 중요한 것은 '지금Now' 실행하자고 마음먹으면서 조건적인 미래에서 자유로워졌다. 엄마는 늘 "우리 딸이 나중에 한국 오면" 혹은 "우리 딸이 나중에 결혼하면"이라며 당신이 하고 싶은 것들을 미루셨다. 그렇게 이른 나이에 돌아가실 줄은 당신도 몰랐을 테니 말이다. 그래서 나는 하고 싶은 일들은 지금 하자고 결심한다. 물론 이 과정에서 중요한 것은 펜듈럼의 중간과 같은 '균형'이다. 하고 싶다고 무작정 여행만 다닌다면 일에 대한 책임이 없다. 그래서 일과 놀이 사이의 균형, 다른 사람과 함께하는 시간과 혼자 있는 시간의 균형, 도시와 자연의 균형, 그리고 **이상과 현실의 균형을 유지하며 '지금'에 초점을 맞춘 삶**을 산다.

넷째, **나의 행복은 내가 책임진다.** 엄마는 항상 아빠의 아내이자 우리 엄마로 살았다. 자신의 행복을 우선순위에 두지 않았기에 자식이나 배우자에게 갖는 기대치가 높았고, 기대에 대한 실망은 상처로 돌아왔다. 나는 나 외에는 누구도 규정할 수 없는 나의 정체성을 유지하며 재정적으로, 육체적으로, 감정적으로, 영적으로, 내면의 행복을 지키는 독립적인 삶을 살아갈 것이다.

마지막으로, 남에게 더 베풀고 싶다. 엄마가 나에게 마지막으로 남긴 말씀도 사회를 위해 더 많은 일을 하라는 것이었다. 그것이 엄마가 원했던 당신의 노후였기 때문이다. 지금까지 나는 나를 위해 살아왔다. 남에게 더 베푼다는 것은 어떤 모습일까? 보육원에 가서 하루 봉사하고 오는 식이 아니라, 내가 가진 재능으로 내 삶과 온전히 어우러지는 것, 내 삶 자체가 봉사가 될 수 있는 방법을 찾아보겠노라고 결심한다.

적고 보니 마치 엄마가 나를 위해 예비해둔 선물 같다. 엄마를 보내며 잘 사는 삶에 대해 고민한 덕분에 그동안 나를 괴롭히고 공허하게 하던 많은 것들로부터 자유로워졌으니까.

3장

나를 찾는 삶
CACOONING

삶을 이해하는 새로운 시도
I want to change myself

엄마 장례식을 치르고 미국에 돌아온 후, 나는 일 중독자처럼 일만 했다. 굳이 안 해도 되는 야근을 하고 출장을 다녔다. 친구들을 만나면 피곤해 쓰러질 때까지 놀면서 집에 들어가는 시간을 늦췄다. 집에 발을 들이는 순간 혼자라는 외로움과 엄마에 대한 그리움이 와락 몰려왔기 때문이다. 겉으로는 별 문제 없어 보였지만, 속으로 조금씩 균형을 잃어가고 있었다.

그런 나를 인지한 2017년 겨울, 심리상담사 할머니 린다를 만났다. 그녀와 2년 반 동안 거의 매주 한 시간씩 대화를 나눴다. 린다는 나의 모습을 거울처럼 비춰주며 내가 스스로를 돌아볼 수 있도록 해주었다. 나의 실수나 어리석은 모습을 지적하기보다 편견 없이 받아들여주었다. 덕분에 나를 있는 그대로 바라보는 과정을 거치며 내 마음의 상처도 조금씩 아물어갔다. 처음에는 심리상담사를 만난다는 게 어색하고 부끄러웠다. 내가 정신적으로 문제 있는 사람처럼 보이면 어떡하나 싶은 걱정 때문이었다. 하지만 엄마가 돌아가신 후 내가 힘들어하는 걸 아는 회사 동료들은 내가 린다를 만나며 주도적으로 힐링하는 모습을 격려해주었다. 자신도 힘든 일을 겪고 상담을 받는다며 아픔을 공유해준 이들도 있었다. 그들의 깊은 유대감 덕분에 그 암울한 터널을 빠져나올 수 있었다.

명상도 꾸준히 했다. 명상을 통해 몸의 감각에 집중하면서 떠오르는 생각들을 관찰했다. 그 생각들은 내가 아니다. 그것은 그냥 생각일 뿐이고 '나'라는 자아는 그 생각을 지켜보는 존재 being다. 생각을 관찰하다 보면 생각이 늘 변화하는 것을 보게 된다. 생각뿐 아니라 모든 사물은 시간과 함께 변화하며 영속하지 않는다. 현재는 인식하는 순간 과거가 된다. 따라서 외부의 자극이나 생각을 그대로 받아들이고 경험하면, 그것을 '좋다, 나쁘다'라고 구분 지을 필요가 없다. 좋은 일이 생겨도 싫은 일을 마주쳐도 **평상심으로 마음의 균형을 유지한다.**

명상 안에도 종류가 다양하다. 나는 불교의 명상 수행법이기도 한 비파사나라는 명상을 배워 10일 동안 침묵하는 사일런트 리트리트에 참가했다. 오감의 경험을 최대한 줄이고 몸과 마음을 깨끗이 하면서 내면으로 더 깊이 들어가는 경험이었다.

세계적으로 잘나가는 헤지펀드 창업자인 레이 달리오Ray Dalio가 한다고 알려진 초월명상transcendental meditation도 배웠다. 휴대폰 명상 앱인 헤드스페이스Headspace, 캄Calm, 인사이트 타이머 Insight Timer 등을 사용해 수시로 명상하는 습관을 키웠다.

다양한 명상법 중 내가 가장 집중해서 연습한 것은 **마인드풀 셀프컴패션**Mindful Self-Compassion이었다. 미국의 심리학자 크리스틴 네프Kristin Neff가 쓴 《셀프컴패션Self-Compassion》, 즉 자기자비를 바탕으로 한 명상 연습법이다. '마인드풀mindful'이란 **마음 챙기기**라는 뜻으로 지금 내가 느끼는 이 순간에 주의를 기울이는 것이다. '셀프'는 나 자신, 그리고 '컴패션'은 고통스러운 순간을 좀 더 너그럽게 만들어주는 **애정**을 가리킨다. 나는 아픈 엄마에게 더 잘해드리지 못했다는 후회와 임종을 지키지 못했다는 죄책감으로 가득 차 있었다. 그래서 돌이킬 수 없는 과거를 떠올리며 현재를 괴롭히기보다, 최선을 다했던 지난날을 있는 그대로 인정하며 현재의 나에게 친절해지는 연습이 더욱 절실했다. 외부에서 일어나는 사건은 바꿀 수 없지만, 그것을 받아들이는 태도는 우리의 의지로 선택 가능하다. 하루에 15분씩 마인드풀 셀프컴패션을 연습한 지 1년 정도 지나니 나를 질책하는 목소리도 머릿속에서 조용해졌다.

'랜드마크'라는 셀프 성장 프로그램에도 참가했다. 자기 삶을 스스로 책임지고, 새로운 가능성을 만들고, 다른 이들과 충실히 관계 맺으며 자신의 선택에 자신감을 갖게 하는 프로그램이다. 참가자들은 자신의 경험을 논리적으로 풀어감으로써 인생의 의미를 스스로 찾는다. 이 과정에 포함된 과제는 가장 어려운 사람과 그 어려운 일에 대해 직접 대화하는 것이었다. 관계가 어려워지는 것은 어떠한 진실을 받아들이는 두 사람의 서로 다른 인식과 그 차이가 만들어낸 그들만의 스토리, 그리고 그 스토리에 부여한 의미와 그 의미에 연결된 정체성 때문이다. 그러니 혼자 의미를 부여하는 대신 상대와 직접 대화하며 인식의 차이를 인지하고 그 안에서 다양한 가능성을 만들어보자는 것이다. 그 가능성 중 하나는 '용서'였다.

나는 가장 어려운 사람으로 아빠를 떠올렸다. 랜드마크가 추천하는 양식에 맞춰 아빠에게 편지를 썼다. 평소처럼 일이나 정치 얘기로 대화를 풀어가면 굳이 껄끄러운 상황을 만들지 않고 아무 일 없는 듯 지낼 수 있지만, 내 마음의 힐링과 아빠와의 관계 회복을 위해 내가 해야 할 숙제였다. 잘나간다는 벤처 투자자와 미팅할 때도 이렇게 긴장하지 않았는데, 아빠에게 전화를 걸어 편지를 한 줄 한 줄 읽어내려가는 내 목소리에서 떨림이 느껴졌다. 아빠 역시 한 달에 몇 번 카톡을 할까 말까 하는 딸이 뜬금없이 전화해 어려운 이야기를 꺼내니 어색한 듯했다. 편지를 다 읽으니 아빠는 "응, 그래. 고맙다"라고 하셨고, 그걸로 우리 대화가 끝났다. 아빠의 짧은 두 마디가 마음 시리도록 서운했다. 내가 마음속으로 "아빠가 상처 줘서 미안하구나. 엄마 장례식 치르느라 고생 많았지. 아빠도 힘들었다. 딸을 사랑한다"라는 식의 모범답안을 기대하고 있었음을 그제야 알아차렸다. 예상치 못한 아빠의 반응에 당황한 나도 "네"라고 답하며 서둘러 통화를 마쳤다. 어쨌든 이렇게 처음으로 아빠에게 나의 진심을 말하는 연습을 했다.

그러던 중, 친구 저스틴의 생일파티에 초대를 받았다. 아이비리그를 졸업한 후 여러 스타트업을 일궈온 연쇄창업자 저스틴과는 버닝맨의 같은 캠프 소속으로 알게 된 사이였다. 버닝맨은 8월 말에 일주일 동안 네바다의 사막에 임시 가상도시를 만들어 생활하며 즐기는, 일종의 페스티벌 같은 모임인데, 이곳에서는 참가자들에게 개성을 살려 자신을 표현할 것을 권한다. 버닝맨 외에도 자유롭고 창의적인 모임을 열고 싶었던 저스틴은 회사를 매각한 돈으로 샌프란시스코에서 3시간 정도 떨어진 시랜치라는 곳에 땅을 매입해 건물을 지었다. 바다가 보이는 산속에 있어서 DJ들이 밤새 음악을 틀어도 항의할 이웃이 없다는 게 가장 큰 장점이었다. 주말 내내 열릴 생일파티 장소가 바로 이곳이었다.

생일파티에는 스타트업계에서 알아주는 유명한 얼굴도 여럿 보였다. 대부분 자기 회사를 창업해 운영하는 내 또래의 CEO

들이다. 이런 사람들이 오는 자리에 내가 끼어도 되나 싶다가도, 여기에 초대받았다는 사실에 어깨가 으쓱해졌다. 다들 몇 번 본 적이 있어서 반가운 척하며 인사를 나눈다. 마음 같아서는 셀피를 찍어 인스타그램에 올리고 싶기도 하지만 쿨하게 행동한다.

저녁에는 그렇게 열심히 노는 친구들이 낮에는 온통 회사 이야기뿐이다. 외부에는 화려한 성공신화가 알려지지만, 실리콘밸리의 창업은 사실 실패할 확률이 훨씬 높다. 세상을 바꾸고 싶다는 믿음에 이끌려 선택했지만 그만큼 고민도 많은 길이다. 회사를 설립하고 새로운 서비스나 상품을 만들어 파는 것만 해도 어려운데, 어리다면 어린 나이에 회사라는 조직을 관리하는 것은 물론 성장을 위해 투자자들에게 거의 매년 거액의 투자를 유치하는 일도 힘들다. 분야는 달라도 다들 비슷한 고민을 해본 터라 창업자들은 서로에게 동지애를 느끼며 이야기를 나눈다. 서당 개도 3년이면 풍월을 읊는다고, 실리콘밸리 생활 5년이 넘은 나도 그들의 이야기를 공감하며 듣는다.

회사 이야기는 곧 자신들의 발전, 즉 CEO 자기계발에 대한 주제로 흘러간다. 직원이 5명일 때와 50명일 때, 150명이 넘어갈 때마다 리더로서 요구되는 역량이 달라져 스스로도 그만큼 성장해야 한다. 그래서 CEO는 주로 코치와 함께 일한다. 평소 관심 있는 주제라 나도 모르게 귀를 귀울인다.

"이번에 만난 코치 덕분에 우리 회사 시니어 매니지먼트와 미팅하는 법을 완전히 바꿨어. 팀끼리도 의사소통이 훨씬 잘되고 회계 측면에도 도움이 되어서 이번 분기의 매출 목표도 성공적으로 달성했지." 제이슨이 말한다. 제이슨은 500억을 투자받았고 120명이 넘는 직원을 둔 서른 살의 CEO다. 사업 역량이나 기술적 노하우도 남달랐지만 내가 보기에 그가 대표로서 성공할 수 있었던 가장 큰 요인은 실수에서 배우는 **성장의 마인드셋**growth mindset이었다. 그는 주기적으로 리더십 코치를 만나며 회사의 전략을 검토하고 자신을 되돌아보고 실수를 통해 발전하는 기회를 갖는다고 했다.

사업을 잘하는 창업자나 회사 대표들의 공통점 가운데 하나는 **코칭성**coachability이다. 말 그대로 다른 사람의 의견에 열려 있는 것이다. 훌륭한 리더들은 코칭을 통해 피드백을 받는 데 익숙하고 피드백을 건설적으로 받아들이며, 이를 바탕으로 자신의 성과를 높인다. 회사를 창업할 정도라면 충분히 똑똑하고 자기주장도 확실할 테고, 회사가 성공할수록 자기 의견을 더 강하게 밀어붙일 가능성이 높다. 하지만 진정한 성장을 원한다면 **유연성**이야말로 필수다. 믿을 때는 확실하게 믿고 추진하되, 자기 생각이 틀렸다고 생각될 때는 빨리 인정해야 한다. 실수했다면 왜 했는지, 나의 과거나 어떤 믿음이 그런 실수를 하게 했는지 돌아보고, 실수를 통해 성장할 수 있어야 한다.

이번엔 마이크가 자기 이야기를 한다. 마이크는 직원을 내보내는 게 너무 어렵단다. 몇 차례나 퍼포먼스 미팅을 해도 변화가 없고 매출을 반등시키지 못하는 세일즈 디렉터 때문에 3개월째 애를 먹고 있었다. 이 문제를 해결하기 위해 코칭을 받은 마이크는 자신이 '감원은 무조건 나쁘다'고 믿고 있다는 사실을 깨달았다. 처음에는 감원은 곧 대표인 자신의 역량 부족을 뜻하기 때문에 그렇게 생각하는 줄 알았다. 하지만 더 깊숙이 들여다보니, 어릴 적 아버지가 해고되는 바람에 끼니를 걱정할 만큼 어렵게 생활한 적이 있어서 감원은 나쁘다고 믿게 된 것이었다. 그 기억 때문에 리더인 자신의 결정으로 남들이 생계의 곤란을 겪는 상황을 꺼렸던 것이다.

어릴 적 상처가 자신의 리더십에 어떤 영향을 미쳤는지 깨닫자, 마이크는 회사의 비전을 '아무도 배고픈 사람이 없도록(No one gets hungry)'이라고 바꾸었다. 회사는 소프트웨어를 팔아 돈을 벌지만, 그보다 더 중요한 것은 직원들과 그 가족이 생계를 걱정할 일은 없어야 한다는 그의 마음을 담은 비전이다. 마이크는 세일즈 디렉터를 해고하면서도 생계에 문제가 생기지 않도록 퇴직금을 넉넉히 챙겨주었다. 코칭을 통해 문제를 해결한 것도 의미 있지만, 코칭을 통해 자신이 추구하는 믿음이 무엇인지 알게 되고 개인의 신념과 회사의 목적 사이에 조화를 이뤄낸 것은 더 큰 성과였다.

코치가 심리치료사와 비슷한 일을 한다고 알고는 있었지만, 코칭의 효과를 직접 들으니 더욱 관심이 커졌다. 엄마를 떠나보낸 고통을 잠재우기 위해 내가 할 수 있는 다양한 프로그램들을 해보았지만 아직 코칭을 시도해본 적은 없었다. 코칭을 통해 나의 미래에 대해 더 생각해보고 싶었다.

"What do you want?"

친구의 소개로 만난 코치와의 첫 만남에서 들은 질문이었다.

"전 힐러healer가 되고 싶은것 같은데 어디서부터 시작해야 할지 모르겠어요. 너무 쌩뚱맞죠? 제 백그라운드와도 하나도 연관이 없는 일이긴 해요. 제가 이런 일을 할 수 있을까요? 그리고 지금 다른 은행에서 오퍼를 받았는데 연봉 등의 조건이 너무 좋아요. 어떤 결정이 현명할까요?"

나에게 힐링이란 단순히 불행을 행복으로 바꾸는 단선적인 과정이 아니다. 이 과정은 행복만이 아니라 편안함, 평온함, 화목함, 여유로움 등의 감정으로 스스로 사랑하는 법을 배우고 채우는 시간이다. 지금까지 다양한 힐링을 통해 상처받고 구겨진 마음을 조금씩 펴주며 그동안 몰랐던 내면의 공간을 발견하고 내 삶에 필요한 에너지를 충전할 수 있었다. 예전에는 남을 먼저 생각하고 더 챙겨주면 나도 사랑받을 거라 믿었다. 하지만 힐링을 통해 누군가 챙기는 행위를 하지 않아도 나는 이미 괜찮은 사람이라고, 존재만으로 사랑받는 사람임을 직접적으로 경험했다. 그래서 이제 내가 힐러가 되어 사람들이 행복한 인생을 살 수 있도록 도우면 어떨까 생각한 것이다. 하지만 지난 15년 동안 금융과 스타트업 관련 일만 해오던 내가 힐러가 되면 어떤 모습일지 손에 잡히지 않았다. 그래서 코치와 함께 나의 이상과 현실 사이의 고민을 해보기로 했다.

코치는 내가 추구하는 가치는 무엇인지, 무슨 일을 통해 에너지를 얻는지, 무엇을 좋아하고 싫어하는지 등을 물었다. 질문과 대답을 되풀이하면서 나의 내면을 더 깊이 들여다보는 프레임워크를 만들어갔다. 코치와 함께 이런 컨테이너를 만들어 고민하면 혼자일 때보다 나의 내면세계로 더욱 깊숙하게 들어갈 수 있다.

스타트업 창업자들이 좋아하는 책 중에 에릭 리즈Eric Reis의 《린 스타트업Lean Startup》이 있다. '린 스타트업'은 시장의 니즈를 기반으로 제품이나 서비스를 개발할 때 애초의 계획을 고수하는 것보다 여러 번의 테스트를 통해 소비자의 관심을 그때그때 확인하고, 그에 맞춰 전략을 수정하기 쉽도록 가벼운lean 구조로 회사를 운영하라는 의미다. 코치는 나의 커리어도 린 스타트업처럼 생각해보라고 했다. 은행에 다니며 생업을 유지하되, 시간을 내어 나의 꿈인 힐러가 되기 위한 일들을 조금씩 시도해보라는 것이다. 다양한 힐러를 만나 이야기도 들어보고, 과정을 알아보고, 강의를 들어보아도 좋을 것이다. 앞날이 보장되지 않은 힐러의 세계로 무작정 뛰어드는 것이 두려운 나에게 적합한 방법 같았다. 여전히 나는 새장에 갇혀 있는 것이 더 편한 새였다.

그러던 어느 날 코치가 말했다. "애린 님, 코치가 되어보는 건 어때요? 지각력과 직감이 좋아서 잘할 것 같아요."

나 같은 사람이 코치가 될 자격이 있을까? 그러나 걱정과 별개로 귀가 번쩍 열렸다. 다음 날 친구 경현이와 저녁을 먹으며 조심스레 물어보았다. 아직은 스스로에 대한 믿음이 부족해 나를 잘 아는 친구에게 상담을 받고 싶었다. 경현이는 너무 잘 어울린다고 시도해보라고 한다. "언니, 뉴욕에서 일할 때도 늘 자기계발이나 심리학 책만 읽었잖아. 언니는 고민 상담도 잘해주고 경험도 많으니까 코치를 해도 잘할 것 같아. 잘 어울려."

듣고 보니 정말 그렇다. 힐러라 하니 이제껏 내가 일해온 비즈니스 백그라운드를 지우고 완전히 새롭게 출발해야 할 것 같았는데, 코치를 한다면 오히려 나의 업력이 장점이 된다. 그만큼 클라이언트를 더 이해할 수 있기 때문이다. 나는 항상 사람들과 깊은 관계를 지향하고 그들의 이야기를 들어주며 함께 생각하기를 좋아했다. 이런 생각이 드니 도전해보고 싶은 욕심이 들어, 집에 돌아가자마자 코치가 되는 방법이 무엇인지 찾아보기 시작했다. 친구들의 코치를 소개받아 어떻게 코치가 되었는지, 정확히 무슨 일을 하는지도 들어보았다.

코치가 되기 위해 자격증이 반드시 필요한 것은 아니었지만, 나는 체계적인 교육을 받고 싶어 자격증을 취득하기로 했다. 좋은 코치들을 배출한 프로그램을 살펴보니 스케줄이 빠듯하긴 해도 회사를 다니면서 병행할 수 있을 것 같았다. 프로그램을 마친 다음에 설령 코치가 내 길이 아니라고 느껴도 좋다. 린 스타트업처럼 시험 삼아 하는 것이니 안 되어도 그 또한 중요한 데이터 포인트가 된다. 그렇게 뉴 벤처스 웨스트New Ventures West라는 샌프란시스코에 위치한 코칭 교육기관의 주말 학생이 되어 '코칭'의 세계에 발을 들였다. 아주 작은 시작이었다.

나와 타인을 괴롭게 하는 패턴을 발견하다
Patterns and Spiritual Self

야구 배트를 들고 앞에 있는 베개를 힘껏 내려친다. 몸을 던지다시피 휘두른 배트가 휙 소리를 내며 공기를 가른다. 동시에 목이 아플 정도로 소리를 지른다. "네가 내 인생을 망쳤어!" 함께하는 39명의 참가자들도 울부짖듯 소리친다. 우리의 괴성으로 방이 가득 찬다. 그 사이로 선생님들의 큰 목소리가 들린다. "더 열심히, 마음속에 있는 모든 슬픔과 화를 남김없이 꺼내세요!"

나는 지금 호프먼 프로세스Hoffman Process에 참가 중이다. 이곳을 알게 된 것은 그야말로 우연이었다. 친하게 지내던 스타트업 대표님과 그분 회사의 조직문화에 대해 이야기하다 문득 궁금증이 일었다. 기업문화에 각별히 신경쓰는 것이 실리콘밸리

분위기지만, 그는 유별난 정도로 직원들의 만족도를 체크하고 자기계발을 장려했다. 조직문화가 중요하다고는 해도 치열한 비즈니스 경쟁에서 매출이나 기술 개발이 급선무일 텐데 왜 그렇게까지 문화에 신경쓰는지 조심스레 물었다. 그러자 대표님은 내 질문에 자세히 답하며 자신이 해온 힐링 경험도 들려주셨다. 웬만한 힐링에는 나도 일가견이 있는데? 한층 더 조심스럽게 대표님의 힐링법을 여쭈어보았다. 어쨌든 사적인 질문이니까. 반면 돌아온 대답은 명쾌했다.

"호프먼 프로세스를 통해 변화된 삶을 살게 되었어요. 애린님도 꼭 해보세요."

호프먼 프로세스라, 그러고 보니 예전에 몇몇 벤처 투자자들도 말한 적 있는 프로그램이었다. 찾아보니 저스틴 비버나 케이티 페리, 시에나 밀러 등 셀러브리티들도 참가한 적 있다. 일주일 프로그램인데 등록하려고 보니 신청 가능한 때가 2020년 1월, 무려 6개월 후였다. 그렇게나 인기 있다니 더 궁금해졌다.

1967년 밥 호프먼Bob Hoffman이 설립한 호프먼 프로세스(이하 호프먼)는 일주일간 리트리트 센터에서 다 함께 생활하는, 어른들을 위한 일종의 자기계발 힐링 캠프다. 그런데 지금까지 내가 해봤던 프로그램들과는 많은 것이 달랐다. 그중에서도 철저한 경험, 즉 머리가 아닌 몸으로 표현expression함으로써 감정을 표출하고 새로운 행동을 배운다는 점이 무척 인상적이었다. 리트리트에 도착하면 모든 휴대폰과 전자기기는 프런트에 맡기고 외부와 연락을 차단함으로써 우리만의 컨테이너를 만든다. 금주는 기본이다. 참가자들의 소울 서칭soul searching, 즉 머리에서 가슴으로 이어지는 내면 여행에 안전한 환경을 조성하기 위해서다.

호프먼은 **네거티브 러브 신드롬**Negative Love Syndrome이라는 이론을 기반으로 한다. 네거티브 러브 신드롬이란 부모의 사랑을 받고 싶은 아기가 부모의 부정적인 행동이나 기분, 태도까지 모방하는 것을 가리킨다.

인간이 태어나 성인으로 독립해 살아가기까지는 오랫동안 부모의 따뜻한 보살핌이 필요하다. 하지만 아무리 아기를 사랑하는 최고의 부모라 해도 모든 시간을 아이와 커넥트하며 깊은 교감을 하는 데 쓸 수는 없다. 부모도 각자의 생활이 있고, 그들 역시 자라면서 혹은 삶에 치이면서 받은 상처가 있기에 아이에게 언제나 아름답고 밝고 긍정적인 모습만 보여줄 수는 없다. 그러나 아기는 이러한 사정을 알 리 없으므로, 부모가 관심과 사랑을 보여주지 않는다 싶으면 어떻게든 다시 부모와 감정적으로 교감하려 한다. 사랑이 존재하지 않는다고 느낄 때(즉 네거티브 러브 상태일 때) 아기들은 사랑받기 위해 무의식적으로 주위의 행동을 모방한다. 아직 말하기 전 단계의 아기들이 생존을 위해 부모에게 "엄마, 나도 엄마와 똑같이 행동하잖아요, 그러니 저를 사랑해주세요"라고 '행동으로' 외치는 것이다. 이러한 행동이 반복되어 습관으로 굳어지면, 성인이 되어서도 사랑이 부족하다고 느낄 때마다 비슷한 행동을 보인다. 그리고 결혼하고 아이를 낳으면 자녀에게서 똑같은 과정이 반복된다. 이처럼 네거티브 러브 신드롬은 세대에서 세대로 이어지는 특성이 있다.

호프먼에서는 이렇듯 무의식적으로 배운 습관을 '패턴'이라 부른다. 패턴은 상대방과 사랑으로 연결되고 친밀감을 높이려는 의도에서 시작되지만, 막상 나오는 행동은 그 반대다. **부모에게서 흡수한 행동이 무의식적이고 충동적인 패턴으로 표출**되는데, 그렇게 해서 사랑을 얻을 수는 없다. 오히려 관계만 더욱 꼬여갈 뿐이다.

내 패턴 중 하나는 남자친구와 다툴 때 기분이 상하면 목소리가 커지는 것이었다. 어릴 적 부모님이 다투실 때마다 엄마가 목소리를 높였고, 이런 모습을 보고 자란 나는 커플이 싸우면 목소리 높이는 걸 당연하게 여겼다. 나의 의도는 '나는 너의 관심이 필요해'였지만 현실에서는 "너는 왜 그것밖에 못해?"라고 퉁명스레 말하고 있었다. 상대방은 나의 행동에 더 뒤로 물러섰고, 그 멀어짐이 싫은 나는 더 소리 높여 그를 비난했다.

호프먼에서는 이런 패턴을 영속적인 것으로 바라보지 않는다. 패턴은 내가 배운 것이므로 깰 수 있다unlearn. **나에게 고통을**

주는 패턴 대신 새로운 행동을 개발하는 것이다. 물론 지금껏 수십 년 동안 안고 있던 패턴들이 몇 주 만에 완전히 없어지지 않을 수 있다. 재교육을 통해 패턴이 자동적으로 나오려는 순간, 그 상황에 패턴으로 대처하는 것이 아니라, 의도에 맞는 새로운 행동으로 대처한다. 이는 곧 자유의지이자 선택이다. 내 경우 화가 나면 목소리를 높이는 패턴으로 연인과 더 사이가 안 좋아지는 경험을 했기에, 섭섭할 때마다 마법에 걸린 듯 바로 목소리가 높아지는 패턴이 너무 싫었다. 그래서 목소리가 높아질 때마다 대화를 멈추고 심호흡 열 번을 깊게 하기로 했다. 잠깐 상황에서 한발짝 벗어나 차분해지도록 하는 것이다. 심호흡을 하며 내가 진짜 하고 싶은 말이 무엇인지 생각해보며 가슴에 손을 올린다. 그렇게 하다 보니, 어느덧 목소리가 높아지는 패턴은 사라지게 되었다. 물론 가끔 큰소리를 낼 때도 있지만 이것은 자동적으로 나오는 패턴이 아니라, 나의 자유의지로 선택한 행동이라 후회가 없다. 부모님이나 사회로부터 인정받고 소속감을 느끼기 위해 나도 모르게 익혔던 부정적인 패턴을 하나씩 인식하다 보면, 각자가 가지고 태어난 자신의 고유한 에센스를 발견할 수 있다. 이를테면 사랑, 지혜, 기쁨 등이다. 즉 즉흥적인 패턴을 인지하고 그 패턴 대신 새로운 행동을 익힌다면, 우리는 우리의 본질인 사랑과 지혜를 바탕으로 살아갈 수 있다. 이처럼 인간의 본질적인 에센스를 호프먼에서는 **스피리**

추얼 셀프spiritual self라 부른다.

스피리추얼 셀프 외에 우리 인간을 구성하는 요소로 **지성** intellectual, **감정적 자아**emotional self, **육체**body가 있다. 호프먼에서는 이 4개 파트를 **쿼드리니티**Quadrinity라 한다. 우리가 조화롭게 살아가려면 이 4개 파트가 균형을 이루어야 한다. 그러지 못했을 때 우리 내면은 그 불균형을 감지하고 경고 신호를 보낸다.

예를 들어 내가 뉴욕에서 투자은행 일을 하는 데 기여한 패턴은 그러한 삶이 곧 성공이라는 나의 믿음이었다. 그래서 지성을 이용해 항상 계획을 세우고 전략적으로 사고했다. 내 육체가 힘들어 휴식이 필요하다고 신호를 보내면 커피를 더 마셨고, 감정적 자아가 외롭다고 호소하면 넷플릭스를 보며 각 요소가 보내는 신호를 무시했다. 스피리추얼 셀프의 '다른 진로를 찾아봐'라는 다급한 목소리를 감지했지만, 그때는 그 목소리를 받아들일 만한 믿음과 용기가 없었다. 그 결과 20대에 위궤양으로 응급실에 갔고, 엄마가 내 얼굴을 보며 "북한의 굶주린 어린이보다 더 안돼 보인다"고 하실 만큼 생기가 없었다. 내 안 쿼드리니티의 경고를 무시한 결과였다.

참고로 내가 믿는 **스피리추얼리티**spirituality란 영적인 무엇인가를 인지하고 내 삶의 밖에 존재하는 어떤 에너지와 연결되는 것을 말한다. 특정 종교에 대한 믿음과는 전혀 별개의 것이다. 넋이 나가도록 아름다운 일몰을 볼 때, 사랑하는 사람과 깊이 눈을 맞출 때, 명상을 하며 무를 경험하는 순간 등… 이때는 눈 앞의 순간에 완전히 몰두해 있기에 마치 시간이 정지된 것 같다. 과거와 미래의 경계가 흐릿하게 녹아내리듯 시간을 초월한 절정의 순간이다. 말 그대로 시공간을 초월해 영원한 순간처럼 느껴진다. 그 순간을 통해 나는 내 몸이나 마음을 벗어나 더 큰 무언가와 하나가 된다. 그 합일을 경험하는 순간 몸은 가벼워지고 마음이 편해진다. **나보다 더 큰 그 무엇의 에너지와 하나 됨**이 내가 믿는 스피리추얼리티다.

스피리추얼리티와 관련해 내 마음을 울리는 문장을 예상치 못한 곳에서 발견했다. 바로 양자물리학자인 아인슈타인의 말이었다. 양자물리학이란 아주 작은 소립자의 미시적인 계system를 탐구하는 물리학 분야로, 이렇게 작은 미시세계를 탐구한 그는 "과학 추구에 진지하게 임하는 모든 사람은 스피릿(영혼)이 우주의 법칙에 나타나 있음을 확신하게 됩니다. 스피릿은 인간의 정신보다 훨씬 우월하며, 이에 우리는 겸손해야 합니다"라고 했다. 그가 말하는 스피릿이 내가 믿는 '나보다 더 큰 그 무엇의 에너지'다.

호프먼을 통해 나는 3가지 변화를 경험했다. 우선 앞에서 말한 패턴을 꾸준히 인지하기 시작했다. 불확실한 상황을 싫어하고 스스로 컨트롤하기 좋아하는 나는 언제나 열심히 계획을 세웠다. 이러한 성실함과 꼼꼼함이 일할 때에는 강점이 되었다. 하지만 강박적으로 계획하는 것은 두려움에서 비롯된 패턴이다. 그 계획이 내 생각대로 이루어지지 않으면 혼자 실망하는 것도 나의 패턴이다. 그 패턴들을 인지하고 내려놓는 연습을 했다.

두 번째는 논리와 이성을 중요시하느라 지나치기 쉬운, 내 안의 감정적 자아에 더 귀를 기울이게 되었다. 어릴 적부터 이과 공부를 하며 감성보다 지적인 사고능력을 중요시했다. 남자 비율이 더 높은 금융계에 종사하면서 "여자라서 일 못한다"는 말을 듣지 않으려고 부당한 일을 겪어도 항상 참았다. 심리학자 칼라 맥로렌Karla McLaren은 자신의 책《감정의 언어The Language of Emotions》에서 "감정이 없으면 결정을 내릴 수 없다. 우리의 꿈과 비전을 해독할 수 없으며, 적절한 경계를 설정하거나 관계에서 능숙하게 행동할 수 없다. 또한 우리의 희망을 확인하거나 다른 사람들의 희망을 지지할 수도 없다. 무엇보다 사랑과 연결되거나 사랑을 찾을 수 없다"고 했다. 감정적 자아를 더 인지하게 된 나는 어떤 감정을 느끼건 명상에서 배운 대로 그 감정 자체가 나쁜 게 아니라고 믿으며 **'화'라는 감정도 안전하게 표출**하는 연습을 한다.

세 번째는 일상에서 스피리추얼 셀프와 계속 연결되어 소통할 수 있게 되었다. 계획이 마음처럼 되지 않아 속상할 때는 나의 깊은 곳에 존재하는 스피리추얼 셀프와 커넥트하며, 나의 계획보다 더 즐겁고 재미있는 일이 생길 수도 있다고 믿는 여유를 배웠다. 이 변화들로 나는 나의 의도를 더 깊이 생각하고, 내 모든 파트에 주의를 기울여 삶을 더 풍성하게 한다.

일주일이라는 짧은 기간에 나의 존재 방식이 달라질 수 있었던 것은 호프먼이 사려 깊게 의도한 경험들 덕분이었다. 바닷물이 짠 이유를 바다의 역사나 소금의 농도로 설명하면 '짜다'는 개념을 학문적으로 이해할 수 있다. 하지만 호프먼에서는 직접 바닷물에 들어가 짠물을 혀로 맛보고, 눈이 따가워지는 것을 느끼고, 몸이 뜨는 것을 경험한다. 이렇게 경험으로 얻은 이해는 지적인 이해와 비교할 수 없을 정도로 깊이 각인된다. 호프먼은 이렇게 내 안의 쿼드리니티 4개 파트를 사용함으로써 나라는 존재의 지속적인 변화를 가능하게 했다.

쿼드리니티를 통한 경험은 신비롭고 새롭지만 쉽지는 않았다. 사람을 좋아하지만 혼자 있어야 재충전이 되는 성향이라 39명과 종일 함께 생활하는 것도 힘들었다. 휴대폰도 없으니 날짜도 요일 감각도 사라졌다. 호프먼 프로그램 참여 5일쯤 되었을까, 선생님 중 한 명인 세이디 선생님과 우연히 마주쳤는데, 나와 눈을 맞추며 웃어주셨다. 나도 모르게 힘들었는지, 갑자기 눈물이 났다. 선생님은 이런 나를 꼭 안아주시며 속삭였다.

"애린 님, 너무 잘하고 있어요. 매일 스피리추얼 셀프와의 연결이 깊어지는 모습이 대단해요. 나중에 호프먼 선생님이 되는 것도 한번 생각해보세요."

깜짝 놀랐다. 나는 아직 부족한 것도 많고 모르는 것도 많았다. 영어가 모국어인 것도 아니다. 이런 내가 할 수 있을까? 설렘과 호기심, 두려움으로 가슴이 두근거리던 그때, 세션 시작을 알리는 종소리가 들렸다. 마음속 질문은 훗날을 기약한 채, 교실로 돌아갔다.

마지막 날은 졸업식이다. 호프먼에서 발견한 '새로운 존재'를 통해 앞으로 어떻게 살아가고 싶은지 자신의 맹세를 공유하는 시간이었다. 무슨 말을 할지 고민하다 나의 스피리추얼 셀프로부터 메시지를 받았다. 그 메시지를 바탕으로 호프먼 졸업식에서 내가 한 맹세는 **"삶의 신비 속으로 뛰어들겠다**I lean into the mystery of life"였다. 어떤 신비가 펼쳐질지는 아무런 예상도 못한 채.

서렌더, 내 안의 지혜를 따르다
Surrender to spontaneity

호프먼을 수료하고 두 달 후 2020년 3월, 역사에 길이 남을 시간이 도래했다. 코로나19라는 듣도 보도 못한 바이러스가 전 세계를 마비시켰다. 모든 계획이 물거품이 되었다. 친구들 결혼식만 4개였고 버닝맨과 코첼라 페스티벌에도 갈 계획이었다. 그런데 몇 주일 만에 이런 이벤트를 비롯해 모든 일상이 사라졌다. 그 많던 스타트업 콘퍼런스부터 클라이언트 미팅, 점심과 저녁 약속도 전부 취소되었다. 샌프란시스코는 엄격한 자가격리 조치가 시행되었다.

졸지에 혼자 보내는 시간이 압도적으로 늘어났다. 가끔은 너무 외로워 왜 그때 데렉처럼 훌륭한 남자와 결혼하지 않았는지 후회막심일 때도 있었다. 넘치는 시간을 주체 못해 예전에는 보지 못한 TV쇼도 보고, 아침에 10분 겨우 하던 명상을 30분씩 하고, 저널링을 더욱 꾸준히 하며 혼자 시간 보내는 법을 배웠다. 나뿐 아니라 우리 인류 전체가 이 팬데믹을 어떻게 받아들이고 어떻게 진화할지도 나름 곰곰이 생각해보았다. 그래도 인간은 적응의 동물이라 했던가, 나의 외로움은 고독이 되고 제법 고독과도 절친한 사이가 되었다.

그리고 또 하나, 고독과 나 사이에 또 하나의 존재가 있었다. 바로 코로나의 가장 큰 수혜를 입은 강아지 룰루다. 엄마가 한국에서 룰루를 돌봐주실 때는 하루에 한 시간씩 산책했을 텐데, 엄마가 돌아가신 후 미국으로 데려온 룰루는 내가 회사 일로 바빠 도그워커가 대신 산책시켜주었다. 저녁 늦게 돌아오면 피곤에 절어 룰루와 놀아줄 엄두가 나지 않았다. 그러나 코로나 이후 룰루와 나는 아침저녁으로 한 시간씩 산책을 했다. 집에만 있다가 공원에서 다른 강아지들을 만나 날쌘돌이가 되어 뛰어다니는 룰루를 보면서 평소에 같이 시간을 보내지 못한 것이 미안해졌다.

룰루만이 아니라 나도 코로나를 계기로 얻은 게 있다. 코로나에 걸리면 어쩌나 싶어 만나는 사람을 극단적으로 줄이는 과정에서 얻은 배움이다. 혼자가 외로워 누군가가 그리울 때면 스스로 했던 테스트가 있다. '코로나에 걸려도 괜찮을 정도로 만날 가치가 있는 사람은 누구인가?' 하는 질문이었다. 이 테스트는 나의 인간관계를 되돌아보는 계기가 되었다. 코로나가 터지기 전 뱅커로 일할 때에는 나보다 성공한 사람들과 시간을 많이 보냈다. 큰 회사의 창업자나 잘나가는 투자자를 만나는 것이 회사의 업무이기도 했다. 이벤트나 콘퍼런스에 참석해 관계를 돈독히 했고, 친밀감을 쌓아갔다. 그들과 빨리 친해지고 펀딩을 도와서 그들의 회사가 잘되는 모습을 보는 것이 기뻤다. 성공했다는 사람들과 어울리면 덩달아 나도 성공한 듯이 느껴졌다. 이런 노력으로 큰 딜을 성사시켜 회사에서 상도 여러 번 받았고, 나도 모르게 어깨에 힘이 들어갔다. 하지만 친했다고, 중요하다고 여겼던 이 관계들은 나의 '코로나 테스트'를 통과하지 못했다.

테스트를 통과한 사람들은 존재에서 깊은 지혜가 느껴지고, 같이 있는 것만으로 안정되는 사람들이었다. 나의 보디워커(미국에서는 마사지해주는 분을 이렇게 부르는데, 마사지만이 아닌 에너지 워크도 같이 한다)인 50대 아주머니 다이애나가 그런 분이었다. 그녀의 정원에는 직접 씨앗을 심고 가꾼 가데니아스 꽃이 만발했고 그 위로 벌새가 바쁘게 날갯짓했다. 그녀는 향기가 너무 좋다며 말린 허브 잎을 싸주었다. 이것을 태우면 그 연기로 집안의 나쁜 에너지를 없앨 수 있다고, 이럴 때일수록 좋은 에너지로 내 공간을 채우라고 챙겨주시는 것이다. 그녀의 미소와 깊은 목소리를 듣고 있노라면 코로나 걱정도 사라지곤 했다. 별다른 말을 한 것도 아닌데 마음이 홀가분해졌다.

　이제 나의 많은 관계는 '내 것이라면 나를 찾아오리라'는 믿음하에 전개된다. 예전처럼 내가 밀어붙여 친해지기보다는 자연스럽게 진행되도록 한다. 코로나인데 싱글이라고 나를 걱정하는 친구들에게도 "내 인연이라면 나를 찾아올 거야"라며 오히려 내가 그들을 안심시킨다. 지금은 다른 사람들이 나를 좋아하도록 신경쓰는 대신, **내가 될 수 있는 최고의 나**highest version가 되는 데 집중한다. 내가 발신하는 **울림**vibration이 높아지면 그에 공명하는 인연이 다가오리라 믿는다.

　같은 이치로, 내 것이 아니라면 나를 떠날 수도 있다고 받아들인다. 1년에 사계절이 있는 것처럼, 인간관계에도 저마다 존재 이유와 타이밍이 있는 것 같다. 고등학교 때의 절친을 다시 만났는데 예전만큼 살가움이 느껴지지 않더라도 괜찮다. 고등학교 시절의 우정을 통해 그 시절의 우리는 무엇인가 배웠을 거라고 믿기 때문이다. 그래서 사람들과의 관계가 소원해져도 슬퍼하거나 원망하지 않고 흘러가는 대로 평화롭게 받아들인다. 그렇게 비워진 공간은 지금의 나에게 필요한 것들로 채워질 것을 안다.

　바이러스는 진정될 기미가 없었다. 두 달로 예정되었던 재택근무는 1년으로 연장되었다. 콘크리트 벽으로 둘러싸인 작은 아파트에 격리되어 지낸 지 5개월째 접어들자 아무리 편한 집이라도 감옥살이하는 기분이었다. 모든 미팅을 줌으로 하다 보니 컴퓨터 화면을 보면 눈이 아파 블루레이 안경을 장만했다. 일만 하는 게 아니라 요가 클래스, 댄스파티, 생일파티, 결혼식 참석을 모두 줌으로 했다. 하지만 매일 비슷한, 변화 없는 일상은 무료하고 무료했다.

도저히 참기 어려워 저스틴의 생일 때 가본 시랜치에 캐빈을 빌려 일하기도 했다. 고작 일주일이었지만 창밖으로 탁 트인 바다를 볼 수 있으니 하루 종일 일만 해도 마음이 시원해졌다. 유명한 자연보호 활동가로 미국에서 '국립공원의 아버지'로 불리는 존 뮤어는 자연과 동행할 때면 우리가 추구하는 것보다 훨씬 더 많은 것을 받는다고 했다. 나 역시 자연으로 돌아갈 때마다 안정된다. 인적이 드문 깊은 산에서 나뭇가지 사이로 불어오는 부드러운 바람을 맞고 있으면 마치 엄마가 안아주는 것처럼 마음이 편안해졌다. 생전에 그렇게나 나무를 좋아했던 엄마의 웃음소리가 바람소리에 섞여 들려오는 것 같아 울컥할 때도 있었다. 하지만 이제는 내가 잘해드리지 못했다는 질책이 아니라, 엄마와 그런 추억을 쌓을 수 있었던 시간에 감사할 줄 안다. 그런 고마움을 느낄 때면 몸이 따뜻해졌다. 자연과 함께하면 생각한 것 이상을 얻을 수 있음을 새삼 깨달았다.

2020년 9월 초, 아침에 일어나니 샌프란시스코의 하늘이 온

통 오렌지색이었다. 아침인데 석양이 지는 듯한 하늘이 재난영화의 한 장면 같다. 몇 주 동안 계속된, 캘리포니아 역사상 최악의 산불 때문이다. 공기 질을 측정하는 AQI 수치는 평소에는 10~50이고 100을 넘기면 공기를 마시는 것만으로 건강에 나쁜 영향을 미칠 수 있다고 한다. 그즈음은 매일 200~300 사이를 오갔다. 격리 아닌 격리 생활에서 유일한 낙이라면 룰루와 산책하는 것이었는데, 이제 그마저 못하고 꼼짝없이 집에 갇혀 지내는 신세가 되었다. AQI 지도를 보니 캘리포니아만이 아니라 서부 산불이 바람에 날려와 미국 중부의 공기 질도 나쁘다. 유일하게 동부만 청정하다. 뉴욕의 AQI 수치는 10이다.

코로나가 무서워 외출도 삼가던 나였지만 깨끗한 공기를 찾아 뉴욕에 가기로 결정했다. 어차피 재택근무였기에 회사에서도 흔쾌히 이해해주었다. 코로나 덕분에(!) 장소에 구애받지 않고 어디서든 일할 자유가 생긴 것이다. 산불이라는 자연재해 덕분에(!) 코로나 앞에서도 용감해진 나는 호프먼에서 했던 맹세처럼 삶의 신비 속으로 뛰어들고 있었다. 이것이 나의 인생을 바꾸는 노마드 라이프의 첫걸음이라고는 물론 상상도 못했다.

다시 돌아온 뉴욕. 나의 20대를 눈물과 웃음으로 보낸, 내가 세상에서 가장 좋아하는 도시다. 500을 그만두고 실리콘밸리 은행에 입사하기 전, 일주일 정도 머물며 휴가를 보낸 게 마지막이니 벌써 4년이나 됐다. 그때는 엄마가 아프시다는 것을 알기 전이었다. 새삼 그동안 내가 참 많이 변했다는 생각을 한다.

JFK공항에 내려 택시를 타고 도심으로 진입하는 길에 뱅커로 일할 때 엄마와 함께 갔던 레스토랑을 지난다. 엄마가 저 식당의 양고기를 참 좋아하셨는데, 벌써 10년 전 일이다. 마음이 아련해진다. 항상 에너지 넘치던 뉴욕도 코로나 앞에서는 어쩔 수 없다. 저 레스토랑을 비롯해 수많은 레스토랑이 문을 닫았다. 항상 혼잡하던 길에는 차량조차 많지 않다. 한 시간은 족히 걸려야 할 친구 집에 30분 만에 도착했다.

뉴욕에 올 때마다 나는 항상 '바쁜 사람'이었다. 여행 몇 주 전부터 맛집을 검색해 예약하고, 브로드웨이 뮤지컬 공연과 링컨센터의 발레 티켓을 구매하고, 미술관과 전시회 방문 계획을 짰다. 가깝게 지내온 친구들과의 약속을 줄줄이 정했다. 포모 FOMO, Fear of Missing Out, 즉 놓치는 것에 대한 두려움 때문에 나의 구글 캘린더는 아침부터 저녁까지 빼곡했다. 삶의 정확한 구조, 그러니까 다음에 무슨 일을 해야 할지 확실히 알면 그 안에서 안정감을 느꼈다.

하지만 2020년 뉴욕에 도착한 나의 캘린더는 정반대였다. 공연은 전부 취소되었고, 뮤지엄도 모두 문을 닫았다. 영업하는 몇 개의 레스토랑은 아웃도어 시팅으로 예약을 받지 않는다. 비행기를 타고 오며 혹여나 바이러스에 노출됐을까 봐 아이가 있거나 나이 든 부모님과 지내는 친구들에게는 연락도 하지 않았다. 텅텅 비어 있는 일정은 왠지 불안했지만 깨끗한 공기를 마실 수 있다는 사실에 일단 만족하기로 했다.

어릴 적에는 어른이 되면 세상을 다 알 거라 믿었다. 성인이 되어보니 30대, 40대, 50대에 맞는 각각의 고민이 있고, 고민을 통해 변화하고 새롭게 태어나는 리뉴얼renewal 사이클이 있다는 것을 깨닫는다. 그 사이클에 따라 내가 바뀌면서 자연스레 내가 속한 커뮤니티도 바뀐다. 뱅커 시절 함께 일하던 친구를 오랜만에 만나 커피를 마시면서 확실히 느꼈다. 20대에 만나 비슷한 미래를 지향하던 친구는 이제 경력 20년 차의 사모펀드 파트너가 되어 있었다. 소호에 있는 로프트에 살고 큰 딜을 성사시켜 보너스로 수백억을 받았다고 한다. 30대 후반에 만나니 우리가 참 다른 사람들이 되었다고 느낀다. 그가 들려주는 화려한 이야기에 별 관심이 생기지 않고, 그렇게 살고 싶은 마음이 없는 나를 발견했다. 그 역시 내가 명상이나 호프먼 이야기를 하며 이것들이 내 인생을 어떻게 바꾸고 있는지 신나게 떠들어도 공감하지 못하는 눈치다. 그렇게 돈을 많이 벌었어도 더 큰 딜에 굶주린 그가 스피리추얼 셀프와 연결돼 자기 삶의 에너지를 찾는 데 좀 더 신경쓰면 좋겠지만 그에게는 소귀에 경 읽기다.

그러다 문득 알아차렸다. 나의 변화를 공유함으로써 그도 나와 같은 깨달음을 얻기를 바라고 있구나. 잘못된 생각이었다. 같은 뿌리에서 자라는 꽃들도 피는 시기가 다른 것처럼, 다른 사람의 의견을 받아들이거나 마음이 열리는 시기는 따로 있다. 아예 받아들이지 않을 수도 있다. 저마다 살고 싶은 방식이 다르기 때문이다. 마지막 커피 한 모금을 마시고 우리는 각자의 길로 돌아간다. 이해가 없어도 각자의 길을 존중한다. 이 만남을 계기로 내 귀한 시간은 나에게 에너지를 주는 사람들과 보내겠다고 결심한다. 코로나로 돌아오게 된 고향 같은 도시에서 예전에 그렇게 친했던 친구들과 이제는 이질감을 느끼고 나의 에너지가 소진되고 있었다. 내가 변한 만큼 달라진 나의 관계들을 인지하며, 함께할 때 마음의 울림을 느끼는 사람들과 시간을 보내고 싶었다.

2020년 9월 19일 토요일에는 그런 울림을 주는 절친 에디를 만났다. 대학 때부터 같이 맛집을 찾아다니고 버닝맨도 같이 다니는 친구다. 평소였다면 미식가인 그와 잘한다는 레스토랑에 갔겠지만 코로나라 불가능했다. 처음으로 '아무 계획 없이' 그를 만났다. "어디가 문이 열었는지 모르니 우선 5시쯤에 만나서 알아보지 뭐." 이렇게 시크하게 말하긴 했지만 사람들로 넘쳐날 토요일 저녁 레스토랑에서 오래 기다리거나 헤매는 것은 아닌지 걱정스러웠다. 아무런 계획이 없는 삶은 코로나로 붙은 살 때문에 꼭 끼는 바지처럼 나를 불편하게 했다. 하지만 다른 도리가 없으니 즉흥적으로 결정해보기로 했다.

우리는 브루클린의 도미노파크에서 만나 석양을 바라보았다. 20년 지기 친구지만 뉴욕 한복판에서 이처럼 여유롭게 시간을 보내본 적이 있었던가 싶다. 콘크리트 정글 뉴욕에서 이스트강 너머로 지는 해를 보는 것도 처음이었다. 해는 그 자리에서 매일같이 뜨고 졌을 테지만, 뉴욕에서 거주한 20대에는 해를 바라볼 시간도, 마음의 여유도 없었다.

슬슬 허기가 져 레스토랑을 찾아 윌리엄스버그를 걷기 시작했다. 예상대로 저녁 시간대 레스토랑은 오래 기다려야 했다. 혹시나 하는 마음에 저쪽에 보이는 레스토랑도 가서 슬쩍 들여보았다. '12 체어스 카페12 Chairs Cafe'라는 이스라엘 레스토랑이었다. 운 좋게도 바에 딱 두 자리가 남아 있다. 이스라엘 음식인 샤크수카와 후무스를 시켜 저녁을 먹는데, 레스토랑 매니저로 보이는 작은 체구의 여성이 마스크를 쓴 채 스피치를 하기 시작했다.

"여러분, 오늘은 로쉬 하샤나입니다. 우리 유대인들의 새해 첫날이에요. 신년을 맞아 아락(Arak, 지중해 인근에서 나는 대추야자 술에 아니스 향을 입힌 40도의 증류주다) 한 잔씩 돌릴 테니 모두 함께 건배해요. 새해를 축하합니다! 마잘 토브(Mazel tov, 건배와 비슷하게 쓰이며 행운을 바란다는 히브리어)!"

조그만 일회용 플라스틱 컵에 아락 한 잔씩 받고 마잘 토브를 외치며 건배를 했다. 처음 마셔보는 술이라 흥미롭다. 입을 대니 맑은 물 같기도 하고 독특한 향도 느껴진다. 술의 향기도 풀 냄새, 연한 꽃 냄새와 비슷하다. 혀끝으로 높은 도수가 느껴지지만 목넘김은 생각보다 부드럽다.

경쾌한 중동 분위기의 이스라엘 음악이 크게 울리자 사람들이 다 일어나 춤을 추기 시작했다. 언젠가 유대인처럼 잘 노는 사람들을 본 적이 없다는 말을 들었는데, 진짜였다. 지정학적으로 전쟁 가능성이 항상 있어서 다른 나라 사람들보다 죽음을 더 가깝게 느끼는 걸까. 그래서인지 이런 축하파티 하나도 오늘이 마지막인 것처럼 삶의 에너지를 발산하며 최선을 다해 즐긴다. 유대인의 문화를 잘 모르지만 나 역시 분위기에 휩쓸려 서로 얼싸안고 춤을 추기 시작한다. 우리나라가 2002년 월드컵 4강에 진출하자 광화문네거리에 나와 환호성을 지르며 기뻐했던 것처럼 브루클린 길거리 한복판에 파티가 벌어졌다.

나와 에디는 버닝맨에서 남의 시선을 아랑곳하지 않고 자유롭게 춤추곤 했으니 이 정도 파티야 가뿐했다. 우리 뒤쪽 테이블은 일행 6명이 테이블에 올라가서 점프하며 환성을 지른다. 오른쪽 테이블을 보니 이쪽 사람들은 머리 위로 의자를 들고 비트에 맞춰 의자 춤을 추고 있다. 그들의 행복하고 높은 에너지에 취해 다 같이 한마음, 하나가 되어 노래를 부르고 춤을 추며 유대인의 새해를 축하했다. 이렇게 나는 로쉬 하샤나라는 낯선 명절을 좋아하게 되었다.

별다른 계획이 없었기에 우리는 자정 넘도록 파티를 즐겼다. 보통 같았으면 식사 후 디저트 먹을 곳을 찾아 자리를 떴겠지만 그런 생각을 할 겨를도 없이 이 순간에 매료되었다. 춤을 언제까지 출지, 여기서 어디로 갈지, 코로나에 걸리지는 않을지 하는 생각은 아예 들지 않았다. 그 순간만은 현재에 충실하게 존재하는 영혼이었다. 몸이 가벼워졌다. 그 순간, 나는 내 안에 존재하는 스피리추얼 셀프와 하나가 되었다.

이날 저녁, 2020년 9월 19일은 나에게 무척 의미 깊은 날이다. 촘촘하게 다녔던 버닝맨 같은 페스티벌이나 파티, 만찬보다 훨씬 즐거웠던, 내 인생에 가장 신났던 저녁이다. 내가 한 일이라곤 하루가 흘러가는 대로 마음을 열고 받아들인 것밖에 없었는데, 그 어떤 계획보다 즐거운 시간을 가질 수 있음을 경험했다. 이때를 계기로 계획쟁이인 나도 즉흥적으로 행동할 수 있다는 가능성을 스스로에게 열어주었다.

호프먼에서 **서브미션**submission과 **서렌더**surrender라는 개념에 대해 배운 적이 있다. 한국어로는 둘 다 '복종'이라는 뜻으로 번역되지만, 두 단어의 뉘앙스는 무척 다르다. 서브미션은 외부의 기대나 힘에 대한 복종인 반면, 서렌더는 **다른 것을 내려놓고 자신 안의 지혜와 믿음을 받아들인다**는 뜻이다. 서브미션은 외부의 무엇인가에 기대는 수동적 과정으로, 나의 자유의지나 선택권이 없다. 외부의 에너지에 복종하는 것이니 일이 잘 풀리더라도 뿌듯하지 않다. 반대로 일이 잘 풀리지 않으면 내가 피해자처럼 느껴진다. 결과를 떠나 마음이 편치 않다. 무슨 척하는 데에서 오는 불안함, 두려움, 반항심, 적대감 때문이다.

뉴욕에서 트레이더로 20년째 일하는 친구가 있다. 그는 아이가 둘이고 가족과 사회의 기대치 때문에 트레이더로 일할 수밖에 없다며, 트레이딩은 자신의 선택이 아니라고 했다. 서브미션의 삶을 사는 그의 어조는 아이 없이 자유롭게 살고 싶었던 자신의 마음과 달리 아이를 원했던 아내를 비난하고 있었다.

서렌더는 내 안의 깊은 지식과 지혜를 따르는 능동적인 과정이다. 내가 너무나도 좋아하는 명상 선생님 마이클 싱어Michael Singer는 《서렌더 실험 : 삶의 완벽함으로의 여행The Surrender Experiment : My Journey into Life's Perfection》이라는 책에서 이렇게 말했다. "서렌더는 내게 고요한 마음과 열린 마음으로 인생의 댄스에 기꺼이 참여하는 법을 가르쳐주었다. 내 성공공식은 매우 간단하다. 개인적인 결과를 고려하지 않고 마음과 영혼을 다해 앞에 놓인 모든 일에 최선을 다하는 것이다. 그 일은 우주가 내게 준 기회이므로."

그는 자신이 할 수 있는 일은 최선을 다하고, 나머지는 서렌더하는 삶을 산다. 창업에 관심 없던 그는 서렌더 과정에서 기회가 생겨 '메디컬매니저'라는 회사를 설립하고 2000년 웹엠디

WebMD에 5조 달러를 받고 성공적으로 매각했다. 그리고 이 수익을 모두 자신이 설립한 리트리트 센터에 기부하는 삶을 산다.

그의 이야기를 떠올리며 코로나 때문에 아무런 계획을 세울 수 없던 나도 서렌더를 택했다. 무계획을 열린 마음으로 시도해 보았다. 계획이 들어서지 않은 그 공간에는 인간인 내가 세울 수 있는 것보다 더 값진 경험이 자리했다. 한 번도 들어보지 못한 레스토랑에 우연히 가고, 유대인의 새해파티에 참여해 생경한 술을 마시며 알아듣지도 못하는 히브루 노래에 맞춰 길거리에서 춤을 추며 한밤중까지 즐기다니.

계획이란 애초 내가 아는 것 안에서만 가능한 법이다. 계획하지 않고 우주가 이끄는 대로 서렌더를 했더니 내가 몰랐던 것들에 눈을 뜨고 체험하게 되었다. 서렌더를 통해 미지의 가능성이 현실이 된 것이다. 코로나가 가르쳐준 또 하나의 레슨이었다.

3주가 지나자 다행히 서부의 산불도 기세가 꺾였다. 맑은 공기를 찾아 동부에 왔는데, 나의 새로운 모습과 가능성을 찾아서 돌아갔다.

나는 나를 믿는다
I believe in myself

2020년 가을, 뉴욕을 계기로 코로나 시절의 여행에 조금 더 용감해진 김에 이번에는 하와이에 가기로 했다. 하와이에 나와 친한 다운 언니가 살고 있기 때문이었다. 하와이와 샌프란시스코는 3시간의 시차가 나 샌프란시스코에서 업무를 시작하는 오전 9시가 하와이에서는 오전 6시다. 이때 일어나면 오아후섬의 동쪽에 위치한 언니 집에서 해 뜨는 광경을 볼 수 있었다.

하루를 일찍 시작하는 만큼 오후 3시면 샌프란시스코는 오후 6시라 회사 업무도 거의 마무리된다. 그러면 언니와 해변을 산책하며 하루가 어땠는지 대화하고 서핑을 가거나 수영을 한다. 언니네 가족과 저녁식사를 하고 조용히 시간을 보내다 고요한 어둠 속에 들리는 파도소리와 함께 잠이 든다. 예전에 비하면 무척 단순한 일상이지만, 오아후 해변에서의 삶은 단조로 움 속에서도 어딘지 모르게 더 풍성하다는 느낌이 든다. 맨발로 모래와 바닷물을 느끼며 나도 이곳의 여유로운 속도와 하나가 되는 듯하다.

오늘은 우리 팀이 '벤처계의 여성'이라는 테마로 운영하는 콘퍼런스에 줌으로 참여하는 날이다. 코로나로 항상 집에서만 일하고 혼자 있으니 정신건강 및 웰빙이 많은 사람의 관심사가 되었다. 그래서 투자자를 대상으로 하는 콘퍼런스에도 명상 세션을 넣고, 그 세션을 내가 진행하기로 했다. 내가 코칭이나 명상 등 힐링과 웰빙에 관심이 있는 것을 아는 사미어 전무님 덕분이다. 사미어는 직원들이 최상의 성과를 올리려면 잘하고 좋아하는 일을 최대한 하게 하고, 서투르고 싫어하는 일들은 가급적 시키지 말아야 한다고 믿는다. 내가 회사 일 외에 코치로도 활동하고 마인드풀 명상 교육도 받는 것을 아는 그는, 회사에서 웰빙을 주제로 한 토크가 열릴 때마다 내가 진행할 수 있도록 배려해주었다.

하와이에 오기 전, 회사에서 사미어와 미팅을 했다. 조직문화와 팀에 신경을 많이 쓰고 항상 나를 배려해주는 고마운 상사였지만, 워낙 바쁜 분이라 일대일로 만나서 이야기한 것은 이때가 처음이었다.

"애린, 우리 팀에 지금까지 기여해준 걸 고맙게 생각해. 애린은 정말 하고 싶은 일이 뭐야? 어떤 사람으로 기억되고 싶어?"

지난 10년 동안 나는 '잘 사는 인생'이 무엇인지 고민해왔다. 적지 않은 방황과 시도, 힐링 등을 통해 이제는 어느 정도 윤곽이 보였다. 그 일이 코칭이라는 확신도 들었다. 회사에 다니면서 코치 자격증 프로그램을 성공적으로 마치고 이제 코칭 클라이언트도 생겼다. 회사 일이 아무리 바빠 지쳐도 그들에게 코칭을 해주고 나면 생기가 돌았다. 아직 초보 코치였지만 클라이언트들은 나의 코칭이 큰 도움이 되었다고 좋은 피드백을 주었다. 그들이 변화하는 모습에 자신감이 생기기 시작했다. 사미어는 이런 나를 꿰뚫어보듯 물어본 것이다.

'그래도 보스인데 이런 생각을 솔직하게 털어놓아도 될까?'

고민이 되는 건 당연했다. 내가 궁극적으로 하고 싶은 일은 뱅킹과 전혀 관계없었다. 어떻게 대답해야 사미어가 기분 상하지 않을까. 예전 같았으면 내 생각을 솔직히 말하지 못했을 것이다. 그것이 나를 위하는 길이고 회사에서 신뢰받는 길이라 믿었기 때문이다. 그러나 이날은 달랐다. 전략적인 답변을 떠나 나 자신에게 솔직해지고 싶었다. 나는 꿈을 실현하고 싶었고, 어렵게 발견한 꿈이 무척이나 소중했다. 만약 사미어가 내 대답을 싫어해도 어쩔 수 없는 일이었다. 내 꿈을 포기한 채 남이 원하는 삶을 살고 싶지는 않았다. 진실은 통한다고 믿었다. 긴장한 탓에 어깨에 힘이 들어간 게 느껴졌다. 깊은 호흡을 한 끝에, 조심스럽게 내 뜻을 밝혔다.

"사미어, 저는 제 주변 사람들이 자신의 삶을 잘 살도록 돕고 싶어요. 그들이 꿈꾸는 이상을 실현할 수 있도록요. 사회를 구성하는 개인이 행복하다면 그 사회 역시 조화롭고 살기 좋은 곳이 될 거라 믿거든요. 그래서 코치가 되어서 일해보면 어떨까 생각 중이에요."

일단 말하긴 했지만 나도 모르게 눈치를 살폈다. 그가 어떻게 반응할지 전혀 감이 오지 않았다.

"애린! 정말 멋진 생각이야. 역시 그럴 줄 알았어. 웰빙이나 힐링에 대해 이야기할 때면 너의 눈빛과 에너지가 달라지거든. 다른 사람들과 깊은 이야기를 나눌 때 너의 재능이 드러나는 걸 봐왔고, 너와 대화하면서 나도 많이 배웠어. 코칭을 본격적으로 해보면 어때? 자격증도 취득했잖아."

사미어의 말을 듣자마자 눈물이 고였다. 걱정하던 마음이 풀리며, 나의 가능성을 이렇게 주목하고 믿어준 그가 무척이나 고마웠다. 혹시라도 내가 코치를 한다고 회사를 그만두면 다른 사람을 뽑아야 하니 번거로울 텐데 말이다. 자신이 불편해질 수도 있는 상황에서 나를 격려해주며 꿈을 찾으라고 말하는 그의 인품과 그릇이 존경스러웠다.

"사미어, 정말 감사합니다. 코칭은 이제 막 시작한 단계라 클라이언트를 찾고 비즈니스를 키우는 데 시간이 걸리니 그때까지는 사이드 허슬로 주말에만 할 생각이에요. 폐가 되지 않도록 회사 일은 더 집중해서 할 테니 걱정 마세요."

"애린, 걱정하지 마. 내가 어떻게 도울 수 있을까? 생각해보고 알려줘. 회사를 당장 그만둘 필요도 없고, 병행하는 것도 좋은 생각이야. 어떤 결정을 하든 밀어줄게."

그렇게 나는 2021년 1월 1일부터 일주일에 20시간씩 파트타임으로 일하기로 했다. 사미어는 내가 조직문화와 리더십에 관한 콘텐츠를 운영해 직원 및 고객의 웰빙과 정신건강을 도울 수 있도록 새로운 업무를 만들어주었다. 늘어난 개인 시간만큼 코칭을 늘리고 코치로서 나를 계발하는 데 투자할 수 있었다. 보수적인 은행에서 이런 기회를 얻은 것은 오롯이 사미어가 나의 가능성을 보고 믿어준 덕분이었다. 이 계기로 나 역시 나를 더 믿게 되었다. 이런 믿음은 나라는 인간의 영역을 확장시킨다. 내가 나를 믿는 만큼 나에게 잘 맞고 하고 싶은 일을 하는, 나다운 인생을 꿈꾸는 것이 가능하다는 확신도 커진다.

하와이에서 지낸다고 하니 경현이는 꼭 서핑을 해보라며 자신의 서핑 선생님인 데렉을 소개시켜 주었다. 하와이에 20년 넘게 살아서인지 느긋하고 관대하고 배려심 깊은, 그러면서도 어린아이 같은 순수함과 장난기가 느껴지는 인상이었다. 게다가 이름마저 데렉이라니!

"선생님, 저 예전에 서핑하다 엉덩이뼈를 다친 적이 있어요. 경현이가 추천해서 정말 용기 내서 해보는 거니까 쉬운 곳으로 가주세요."

첫 수업, 만나자마자 신신당부를 하는 나를 보며 데렉은 큰 소리로 웃는다. 그러고는 파도를 가리킨다. 무엇이 보이냐고 묻는다. 드넓은 바다와 파도가 보인다. 그 파도를 타며 서핑하는 서퍼들도 보인다.

"파도들이 어디서 오는지 봐요. 파도가 어디서 깨지는지도 봐야 하고요. 지금 바람은 어느 쪽에서 오나요?"

자세히 보니 정말 저 멀리서 오는 파도가 일정한 부분에서 하얀 거품을 내며 부서지고 있었다. 바다를 좋아해 많은 시간을 보냈는데도 파도를 이렇게 자세히 관찰한 건 처음이다. 바람의 방향을 피부로 감지하기는 아직 어려워 머리를 푼 뒤 머리카락이 날리는 모습으로 읽었다. 서핑을 잘하려면 보드를 딛고 일어서는 근력과 균형감각이 가장 중요한 줄 알았는데 바다를 읽는 게 중요하다니, 서핑에 대한 호기심이 생기기 시작했다.

와이키키 앞바다는 수심이 얕고 파도도 잔잔하지만 산호초로 가득하다. 깨끗한 바닷물 아래 보이는 산호초는 아름답지만 매우 날카롭다. 데렉은 떨어질 때 어깨를 펴고 온몸으로 떨어져야지 다이빙하는 포즈로 떨어졌다가는 다치기 쉽다고 주의를 준다.

이 밖에도 보드에서 어느 부분에 어떻게 서야 하는지 등 기본적인 몇 가지 사항을 배운 후 우리는 곧장 바다로 나선다. 내가 탈 보드는 12피트 사이즈로, 초보자 중에서도 왕초보자용이다. 평소 요가를 한 덕분에 유연성과 근력은 충분했지만 막상 망망대해로 나오니 설레기도 하고 무섭기도 하다.

데렉이 저기 오는 파도를 타자며 내 보드를 밀어준다.

"애린, 저 파도 위에 서는 거예요. 충분히 할 수 있습니다. 지금 일어서세요!"

가슴이 뛴다. 과연 설 수 있을까. 우왓, 섰다! 첫 시도인데 어느덧 보드 위에서 파도를 타고 있다! 그 짜릿함을 느끼면서 나는 서핑에 빠져들었다.

파도에 실려 해변 가까이 돌아오면 다시 라인업으로 패들링을 해서 간다. 가다 보니 은근히 먼 거리를 서핑해 왔구나 싶다. 서핑을 잘하려면 패들링을 잘해야 한다. 어찌 보면 가장 지루한 시간인데 패들링을 잘해야 나중에 타고 싶은 파도가 올 때 보드를 재빨리 돌려서 파도가 부서지는 곳까지 갈 수 있다. 수영을 많이 하지 않아 상체 근육이 없는 나는 패들링에 지치면 보드 위에 그냥 누워서 쉰다. 하늘에서 내리쬐는 햇살, 저 멀리 수평선, 그 아래로 바다가 보인다. 수면에 반사돼 반짝이는 햇빛에 눈이 부시지만, 눈을 감지 않는다. 그 눈부심이 너무 아름다워 눈에 다 담아두고 싶기 때문이다. 내가 누운 보드는 조각

배처럼 바다 위를 고요하게 떠다니며 반짝임과 하나가 된다.

몇 번 레슨을 받고 서핑을 곧잘 하자 데렉은 10피트 사이즈의 보드를 타보라고 권했다. 이제 어느 정도 적응도 되었고, 도전 의식이 넘치는 나답게 당연히 응했다. 몇 번 와봤다고 이제 와이키키 바다의 파도가 제법 익숙하게 느껴졌다. 그런데 웬걸, 10피트 보드는 패들링만 하는데도 옆으로 자꾸 떨어진다. 하필 평소보다 파도도 더 높다. 괜히 하겠다고 했나? 또 다치는 것 아닌가? 코로나 환자로 병원에 자리도 없을 텐데 응급실이라도 가게 되면 어쩌지? 더럭 걱정이 들었다. 걱정되니 곧장 호흡이 가빠진다. 15년 차 서핑 선생님인 데렉은 나의 불안함을 바로 눈치채고는 숨을 깊게 쉬어보라고 한다. 명상하듯 깊은 심호흡을 하며 우리는 라인업까지 패들링을 했다. 일어서려는데 보드에서 균형 잡기가 어려워 바로 떨어진다. 아직 서핑 초보인데 패기가 지나쳤나 싶다. 데렉은 첫 시도치고 잘했다고 하지만 아직도 무섭다.

"자 파도 옵니다, 준비… 패들… 이제 일어서세요! 지금!"

풍덩. 또 떨어졌다. 이번에는 너무 늦게 일어서는 바람에 노즈다이브nosedive를 해 파도 속에서 기계체조하듯 몇 번이나 옆돌기를 한다. 비록 10초도 안 되는 시간이지만 숨을 쉬고 싶다는 본능이 앞선다. 눈으로 코로 입으로 바닷물이 들이쳐 도무지 정신이 없다. 종아리 쪽이 따가워서 보니 물에서 뒹굴며 산호초에 긁혔는지 피가 난다. 비싼 레슨비만 아니었으면 오늘은 그만하고 싶을 정도다. 데렉이 내게 왜 떨어진 것 같냐고 묻는다. 그는 실수한 이유를 알아야 나중에 혼자 서핑하면서 교정할 수 있다면서 항상 떨어진 이유를 묻는다. 피드백을 좋아하는 편이지만 지금은 아니다. 왜 떨어지긴, 어려우니까 떨어지지 하면서 속으로 짜증이 난다.

"데렉, 저 이거 진짜 할 수 있을까요? 아직 왕초보니까 그냥 12피트 탈게요."

"애린, 12피트 보드에서 일어서면 당연히 10피트에서도 일어설 수 있어요. 애린은 충분히 이 보드를 탈 수 있어요."

"아니요… 저 그만하고 싶어요."

처음으로 "아니"라고 해보았다. 도중에 그만두는 걸 좋아하지 않는 터라 '아니'라고 말하기가 무척이나 어렵다. 데렉도 놀란 눈치다.

"애린, 난 애린을 믿어요. 한 번만 더 해봐요. "

"제가 정말 할 수 있을까요?"

"그럼요, 난 애린을 믿어요. 당연히 할 수 있지요. 저기 파도 옵니다. 이번에 제대로 한번 타봅시다!"

데렉의 격려가 동굴을 밝히는 촛불처럼, 나의 걱정과 스스로를 믿지 못하는 마음을 비춘다. 그 빛 안에서 나도 할 수 있다고 다짐한다. 그리고 다가오는 파도와 보드에 집중하며 온 힘을 다해 패들링을 한다. 파도를 잡겠다고 결심한다. 내 몸의 모든 세포가 그 순간만큼은 서핑을 위해 존재한다. 내 정신 또한 맹렬히 파도에 집중한다.

저 뒤에서 파도소리와 함께 "일어서세요!"라는 외침이 들린다. 파도가 나를 이끄는 힘이 보드 아래로 느껴진다. 부드럽게 보드 위로 점프하며 일어선다. 슬쩍 곁눈질하니 저 뒤에서 부서지는 파도의 흰 벽이 보이기 시작한다. 앞쪽으로는 해변과 그 뒤로 늘어선 호텔들이 눈에 들어온다. 세상에 나와 파도뿐이다. 오른발로는 파도의 스피드를 느낀다. 더 빨리 가기 위해 체중을 앞쪽 오른발로 살며시 이동해본다. 아싸, 속도가 오른다. 나는 바다와 파도와 보드와 **플로** 상태를 이룬다. 플로는 '최고의 순간' 또는 우리가 최선을 다하는 순간의 연속이다. 이러한 순간은 대개 어렵고 가치 있는 일을 성취하기 위한 자발적인 노력으로 사람의 몸이나 마음이 한계치에 다다를 때 찾아온다.

내가 나를 믿고 그 순간에 집중해 플로하니 마음의 온갖 걱정이 다 사라졌다. 이제껏 걱정 때문에 내 몸이 무거웠던 건가 싶다. 내가 나를 믿었을 때 어떤 가능성이 현실에 펼쳐지는지 서핑을 하며 다시 깨닫는다. 뒤를 돌아보니 데렉도 서핑을 하며 나에게 오는 중이다. 나보다 몇 배는 더 기뻐하는 얼굴이다. 우리는 보드 위에 앉아 서로 하이파이브를 한다.

"고마워요, 데렉. 정말 너무 재미있어요! 데렉은 평생을 서핑

했는데 질리지는 않나요?"

"질리긴요, 여전히 서핑을 사랑해요. 바다는 세상 어디를 가나 동일하죠. 하지만 이 넓은 바다에 그렇게나 많은 파도가 있는데 똑같은 파도는 하나도 없어요. 그래서 똑같은 서핑도 없어요. 할 때마다 바다가 다르니 질릴 수가 없어요. 지금 이 파도를 보세요. 몇만 마일 떨어진 곳에서 폭풍으로 생긴 에너지가 바다에 전해져 파도가 생성되고, 그 파도가 지구 곳곳으로 퍼져나가요. 그렇게 오랜 길을 여행한 파도를 내가 지금 타고 있는 거예요. 신기하죠."

데렉이 말을 이어간다.

"바다에 와서 서핑을 하는 게 내 방식의 명상이에요. 서핑은 인생 같아요. 어떨 때는 큰 파도가 무서운 속도로 부서지고, 어떨 때는 잔잔해요. 어떤 파도는 서핑하기 좋지만 그렇지 않은 파도도 있어요. 서핑하기에 완벽한 파도인데 내가 잡지 못할 수도 있고요. 운 좋게 캐치해서 서핑하다가도 떨어질 수도 있지요. 그럼 일어나서 다시 시도하면 돼요. 그게 인생 아닌가요? 보드에서 자주 떨어지지 않는다는 건 그만큼 모험을 시도하지 않았다는 뜻일 수도 있어요. 안전하게만 사는 삶이 좋은 삶은 아니잖아요. 가장 중요한 건 파도가 어떻든 서핑이 어떻든 무조건 재미있게 하는 거예요. **인생에서도 중요한 건 그런 마음 같아요. 실패해도 일어서면서 웃을 수 있는 마음이요.** 나는 서핑을 통해 바다의 무한한 지혜를 배워요."

나도 모르게 데렉의 이야기에 고개를 끄덕인다. 보드에 앉아 있으니 바다의 잔잔한 물결이 다리에 생긴 상처를 어루만진다. 라인업으로 돌아가기 위해 패들링을 시작한다. 어느덧 어깨에도 근육이 생겨 패들링도 더 빨라진 듯하다. 신성함과 무한한 지혜가 가득한 바다는 내가 생각보다 강인한 사람임을 깨닫게 해준다. 그 강인함 속에서 나는 자신을 더 믿게 된다.

삶이 초대할 때는 항상 응답하라
Say yes when life invites you

다운 언니와 몇 년째 연말이면 하는 의식이 있다. "올해를 한 단어로 설명하면?", "가장 현명했던 결정은?", "내가 감수한 가장 큰 위험은?", "남을 위해 했던 가장 중요한 일은?" 등의 질문을 하며 한 해를 돌아보는 것이다. 그런 다음 "어떤 비밀 소원이 있나요?"라는 질문으로 개인의 삶, 건강, 취미 생활, 친구, 금전관계, 감정 등의 영역에서 1년 후 어떤 모습이 되고 싶은지 계획한다.

2020년이 저물어갈 무렵, 어김없이 한 해를 돌아보며 작년에 써둔 꿈을 다시 꺼내 읽었다.

2020년 나의 꿈

- 따뜻한 해변, 자연 친화적인 곳에서 더 많은 시간을 보내기
- 스케줄에 좀 더 여유를 갖고, 하고 싶은 일을 하면서 시간을 보내기
- 내가 하는 일로 세상에 기여하기

와우! 2020년의 구체적인 계획들은 코로나로 모두 취소되었는데, 1년 전 적었던 꿈들은 다 이루어져 있다! 아니, 오히려 코로나가 나의 꿈을 이루게 해준 듯했다. 코로나 때문에 나는 어디서든 일할 수 있게 되었고, 하와이에 지내며 서핑을 한다. 코로나로 업무 관련 이벤트가 취소되어 스케줄에 여유가 생겼다. 그 덕에 룰루와도 시간을 많이 보내고 명상도 하고 책도 많이 읽었다. 그리고 코칭을 통해 세상에 기여하고 있다.

"언니, 하늘이 나를 도와주나 봐. 《시크릿》에 나오는 **끌어당김의 법칙** 같은 걸까? 작년에 내가 꼭 하고 싶다고 쓴 일들이 다 이루어져 있어! 그걸 쓸 때만 해도 상상도 못했는데 말이야."

"정말 신기하네. 내년에는 좀 더 큰 꿈을 써봐. 그것들도 다 이루어질지 모르잖아."

영어에 "Be careful for what you wish for"라는 말이 있다. 소원을 빌 때는 신중하라는 뜻이다. 바람이 다 현실이 될 수도 있기 때문이다. 2020년의 기적을 확인한 지금, 더욱 신중히 소원

을 생각해본다. 새해에는 무엇what을 어떻게how 이룰지보다는
내 존재who의 그릇을 더 키우고 싶다. 내가 하는 코칭도 존재방
식에 관한 것이니, 스스로 나의 존재에 대해 깊이 고민해보고
싶었다. 그래서 나를 정의한다고 믿었던 것들, 신념들을 생각해
보았다.

'나에게 집이란 어디인가? 하와이도 이렇게 좋은데 꼭 샌프
란시스코에서 살아야 할까?'

'나에게 일이란 무엇인가? 단지 돈을 벌기 위한 수단인가?
그럼 돈이란 뭐지?'

'나는 어떤 사람들과 관계를 맺고 어떤 커뮤니티에 함께하
고 싶은가?'

'나다운 삶이란 무엇인가?'

2021년에는 이런 신념들에 대해 의미 있는 정리를 해보자는
꿈을 적었다. 우주가 어떻게 나의 꿈을 실현시켜줄지는 알 수 없
다. 가끔 꺼내볼 요량으로 2021년 계획을 적어 고이 넣어둔다.
그렇게 나는 2021년에 펼쳐질 삶의 신비에 한 발짝 내디뎠다.

리추얼을 치렀으니 이제 연말을 어떻게 보낼까 궁리할 차례
다. 친한 친구 제러미가 마흔 살 생일이라고 다음 주에 멕시코
에서 파티를 한다. 멕시코라면 멀지 않고 몇 번 가본 적도 있지
만 해외여행은 아직 겁이 났다. 코로나로 죽은 사람만 수십만

명이다. 이런 시기에 해외로 놀러 가는 게 죄책감도 들고 남들의 시선도 신경쓰였다.

"애린아, 나는 네가 너 하고 싶은 대로 했으면 좋겠어. 내 친구도 이번에 멕시코에 다녀왔는데 관광객도 없고 어디든 예약하기 쉬워서 오히려 더 좋았대. 그리고 코로나 끝나면 다시 출근해야 할 수도 있잖아."

갑자기 엄마 생각이 났다. 엄마가 돌아가시고 내가 했던 결심 중 하나가 '**삶이 초대할 때는 항상 응답하라**(When life invites you, say yes)'였다. 엄마는 항상 '나중에 우리 딸 결혼하면'이라며 당신의 인생을 미뤄두셨다. 나는 내 인생을 미루지 않고, 지금 여기에 집중하고 싶었다. 그래서 이 인생의 초대에 응답하고 싶었다. 그래, 멕시코에 가자.

다운 언니는 나의 결정을 지지해주며 멕시코에 갈 거면 자기가 좋아하는 요가와 리트리트 센터도 가보라고 했다. 검색해보니 마침 2021년 1월에 200시간 요가 지도자 트레이닝 프로그램이 있다. 코로나 후로 모든 요가 클래스가 줌으로 이루어지는데 대면으로 요가를 할 수 있다는 것만으로도 가슴이 뛰었다. 요가는 대학 때부터 해왔지만 좀 더 전문적으로 배워보고 싶다는 열망이 늘 있었다. 이런 교육은 보통 3주(200시간) 정도로 구성되는데, 회사에 다니면서 3주나 휴가를 쓰는 건 엄두도 못 낼 일이었다. 혹시나 시간을 낸다 해도 실력 있는 선생님의 수업은 몇 달 전에 마감되기 일쑤였다. 지금은 코로나 시기라 자격증 프로그램 자리도 있고 파트타임으로 일하니 길게 휴가를 낼 수 있다. 그렇게 나는 요가 지도자 트레이닝 프로그램을 등록했다. 앞으로 어떤 일이 벌어질지는 모르지만, 삶의 손짓을 따라 멕시코로 떠났다.

"아임 인", 내 안의 목소리를 따라서
Unfold into the mystery of life

친구 제러미가 생일파티로 정한 장소는 멕시코의 '푸에르코 에스콘디도'라는, 세계적으로 유명한 서핑 타운이다. 제러미는 스타트업 엔젤 투자자로 500에서 일할 때 만나 친해진 친구다. 아버지를 일찍 여읜 그는 엄마가 돌아가시고 힘들어하는 나를 누구보다 잘 이해해주고 챙겨주었다. 버닝맨도 같이 가고, 세계 각지 스타트업 관련 콘퍼런스도 함께 참석하며 지난 5년간 함께 성장해왔다. 그런 친구의 생일이라 꼭 곁에서 축하해주고 싶었다.

그의 생일은 12월 26일이고 나는 27일에 미국으로 돌아갈 일정이었다. 제러미는 그날 새해맞이 모임에 참석하러 파나마에 간다고 한다. 파나마의 베나오 해변에서 12월 27일부터 1월

4일까지 일주일 동안 하는 모임이란다. 파나마운하는 들어본 것 같은데, 파나마가 정확히 어딘지 고개를 갸우뚱한다. 코로나 시기에 파나마에 간다니, 제러미도 대단하다 싶다. 호기심에 혹시 나도 가도 되는 데냐고 물어보니 아니나 다를까, 이미 솔드 아웃이란다.

그런데 미국으로 돌아가기 4일 전, 파나마 모임을 주선하는 친구에게 연락을 받았다.

"애린, 여전히 우리 파나마 모임에 오고 싶어?"

알고 보니 영국에 코로나 변이 바이러스가 생겨 런던에서 출발하려던 사람들이 10명 넘게 못 온단다. 참석하려면 코로나 음성 확인증을 제시해야 한다. 막상 갈 수 있다고 하니 말도 안 통하는 멕시코에서 어떻게 코로나 검사를 받을지, 파나마행 비행기는 있는지, 저런 곳에서 아프면 어쩌지 하면서 망설여졌다. 일주일 이벤트지만 참가비도 만만치 않았다. 그런데 그때, "공주, 삶이 초대할 때는 항상 응답하렴"이라는 엄마의 목소리가 들렸다. **"나 갈게**(I'm in)." 그렇게 참가를 결정했다.

영화 〈007〉의 미션이라도 수행하는 분위기로 파나마에 도착했다. 파나마는 국가 전체가 코로나로 록다운 상태였지만 파나마 이민국에 있는 지인을 통해 우리 일행은 별 탈 없이 입국할 수 있었다. 비행기가 착륙하고 게이트를 나오니 내 이름이 적

힌 종이를 들고 서 있는 이민국 직원이 보인다. '소셜 모임에 참석한다고 여러 사람 귀찮게 하는구나' 싶은 생각에 미안하기도 하고 헛웃음이 나기도 했다. 공항에서 우선 코로나 검사를 했다. 여기까지 왔는데 검사 결과가 혹시라도 이상하면 돌아가야 하나 조마조마하다. 다행히 결과는 음성이다. 이제 그 직원과 함께 이민국으로 향한다. 내 한국 여권을 보고 둘이서 뭐라 대화하더니 여권을 가지고 저쪽 뒤에 있는 오피스로 간다. 15분쯤 기다렸을까, 나더러 한국 여권이니 비자를 구입해야 한다고 한다. 어제 분명 파나마와 한국은 우호국이라 무비자로 90일 체류 가능하다고 확인하고 왔는데 말이다. 그러나 분란을 만들고 싶지 않아 80달러를 내고 조용히 이민국을 통과해 짐을 찾았다.

이제 경비행기를 타러 간다. 우리가 가는 베나오라는 곳은 차로는 6시간 걸리고 경비행기로는 한 시간 거리다. 차로 이동하는 중에 혹시라도 경찰에 걸리면 소란스러워질 수 있어서 모든 참가자는 경비행기로 이동하기로 했다. 경비행기는 탈 때마다 손에 땀이 난다. 구름 사이로 햇빛이 내비치는 바다 위에 우리는 한 점의 그림자가 되어 비행한다.

파나마는 문명이 오래된 곳도 아니고 잦은 전쟁으로 인간의 피가 묻은 곳도 아니다. 인류의 손이 많이 닿지 않은 이 나라에는 정글이라는 무성하고 깨끗한 자연이 본래 모습 그대로 보존

돼 있다. 베나오는 그중에서도 외진 정글이다. 100명 남짓한 사람들이 모여 사는 작은 마을이다. 건물은 20채 정도 있고, 구멍가게 하나가 동네 전체의 슈퍼마켓 역할을 한다. 은행 ATM도 없다. 날씨가 더워서 화장은 사치고, 굉장히 가벼운 옷차림에 샌들 정도가 딱이다.

아침 6시에 멕시코 호텔을 떠났는데 베나오에 도착하니 저녁 7시다. 피곤하고 배고프다. 그래도 하루 종일 실려 다니다 야자수에 달린 코코넛을 보니 마음이 좋아진다. 호텔 시설이 훌륭해 보이지는 않지만 어차피 놀러 온 것이니 대수롭지 않게 가방을 던져두고는 곧장 레스토랑으로 향한다. 모임을 주최하는 엘시티오 호텔의 레스토랑은 해변 바로 앞에 있는데, 테이블에는 이번 모임에 참석하러 온 낯선 이들로 가득하다. 다들 서로 아는 사이 같은데 나는 아는 사람이 한 명도 없다. 괜히 주눅이 들었지만 재미있게 보내기로 마음먹고 빈자리에 앉아 나를 소개했다. 이 테이블은 일주일 동안 우리의 아지트 같은 장소가 되었다. 특별한 약속이 없어도 배고프거나 심심할 때 오면 항상 누군가가 앉아 있었다.

오프닝 저녁에는 주최 측이 나와 규칙을 알려준다. 총 60명이 참가했는데, 대부분 버닝맨에 가본 적이 있어서인지 우리의 규칙도 버닝맨과 유사하다.

- 우리가 함께하는 이번 주는 우리의 진정한 자아와 다양성을 포용하는, 안전하고 신뢰할 수 있는 시간이다.
- 이곳은 판단 대신 사랑으로 서로를 대하는 열린 마음의 장소다.
- 이곳은 우리의 본질, 우리의 예술, 우리의 생각과 경험을 선사하고 기여하는 공간이다.
- 우리는 진정성을 추구한다. 우리는 다른 사람들이 원하는 것에 맞추지 않는다. 우리는 경험을 통해 자신을 알아간다.

다음으로 우리의 아지트 엘시티오 호텔을 지은 아사프가 우리를 반기는 웰컴 스피치를 했다. 베나오는 10여 년 전 서핑을 좋아하는 이스라엘 출신 4명이 서핑 타운을 찾다 우연히 발견한 곳이란다. 그들은 이곳의 개발 가능성을 보고 아무것도 없는 타지에 와서 자신들이 살고 싶은 호텔과 식당을 지으며 베나오를 탄생시켰다. 그렇게 시작된 동네다 보니 베나오 지역민의 절반 이상이 이스라엘에서 온 유대인이다.

"이런 개척정신을 발판으로 개발된 커뮤니티인 만큼, 베나오는 사회에서 규정한 '이렇게 살아야 한다'는 기대치에 의문을 던지며 자기만의 삶을 도전적으로 꾸려나가는 것을 장려합니다." 아사프가 설명했다. 자유분방함과 모험정신이 깊이 느껴지는 첫인상이었다.

이어지는 일주일 동안 나는 우리 그룹과 플로를 경험하며 마법 같은 시간을 보냈다. 비슷한 가치를 추구하는 수십 명이 한 곳에 지내며 여유 있고 자연스러운 공동체 생활을 할 수 있었기 때문이다.

대체로 낮에는 자유롭게 시간을 보내다 저녁에 열리는 테마 이벤트에서 새로운 사람들과 새로운 장소에서 색다른 경험을 했다. 나는 해가 뜨거워지기 전에 서핑이나 요가를 하고, 오후에는 커피나 칵테일을 마시며 새롭게 만난 친구들과 시간을 보냈다. 출출해져 아지트 테이블에 가면 항상 누군가 있었고, 열린 마음으로 나를 환대해주었다. 모두 휴가를 겸해왔기에 여유가 있고 서로를 더 자세히 알고 싶어 했다. 도시에서는 생활에 치여 다른 사람에게 마음을 열기가 어렵다. 더구나 코로나 시기라 혼자 오랜 시간을 보냈다. 그러다 베나오 해변에서 생각이 비슷한 사람들과 깊게 교류하며 자연스러운 공동 생활을 하니 이곳이 아름다운 낙원처럼 느껴졌다.

하루는 오전 11시에 근처 폭포로 하이킹을 갔다. 이제 막 우기가 끝난 파나마의 정글은 푸르디푸르다. '카라카라'라는 처음 듣는 새소리가 들린다. 이런 걸 꾀꼬리라고 하는 걸까, 다른 세상의 문을 열어줄 것만 같은 소리가 더없이 깊고 곱다. 인간의 위협을 받은 적이 없는지 내가 가까이 가도 도망가지 않는다. 카라카라의 노란색 깃털은 형광이 돌 정도로 눈이 부시다. 새와 눈을 맞춰 서로를 바라본다. 룰루의 눈빛이 생각난다. 라틴 아메리카의 야생 새와 눈을 맞추니 그것의 세상으로 빨려 들어갈 것 같다.

하이킹의 하이라이트 격인 동산에 도착하니 "우와" 하는 감탄사가 절로 튀어나온다. 동산이라지만 전부 잔디밭이라 시야가 탁 트여 있고 그 뒤로 태평양이 보이는 곳이다. 그 동산에 우리를 위한 파티가 준비되어 있다. 가운데에는 팔각형으로 지어진 무대가 있고, 무대 뒤로는 앉거나 누워서 쉴 수 있는 커다란 쿠션들이 놓여 있다. 한쪽에는 피자와 음료가 가득하다. 음악을 좋아하는 몇 명이 디제잉을 하고, 함께 음악을 들으며 해가 지는 모습을 바라본다. 모임을 도와주는 지역민 스테파노에게 베나오에 대해 물었다. 스테파노는 이탈리안 아버지와 영국인 어머니 사이에서 태어나 파나마에서 살다가 미국에서 학교를 다녔고, 지금은 베나오에 살고 있다.

"스테파노, 너는 유럽에서 태어났는데 왜 베나오에서 살아? 벌레도 많고 외진 곳인데 불편하지 않아?"

"불편하지 않다면 거짓말이지. 하지만 베나오에는 이곳만의 마법이 있어. 서핑하면서 무너지는 파도 뒤로 생기는 무지개를 볼 때, 해변을 산책하는데 우연히 거북이 알을 낳는 모습을 볼 때…."

스테파노가 말하는 도중, 어디선가 잠자리 떼가 나타났다. 한두 마리가 아니라 수천 마리다. 태어나서 이렇게 많은 잠자리를 본 것은 처음이었다. 경이로웠다. 마치 판타지 영화의 한 장면처럼 잠자리 떼가 우리를 태우고 저 멀리 하늘로 날아갈 것 같다. 누가 먼저랄 것 없이 환호성이 터져나왔다.

"어, 저쪽을 봐. 달이야!"

아직 해가 완전히 넘어가지 않았는데, 잠자리 반대쪽 하늘에 보름달이 뜨고 있었다. 태평양 위에 해와 달이 떠 있고 우리는 동산 위에 잠자리 떼와 함께 있다. 이것이 스테파노가 말한 베나오만의 마법이었다.

생각지도 못한 초대를 받아 파나마를 방문해 베나오라는 새로운 커뮤니티의 마법을 경험한다. 이는 불확실함에도 망설이지 않고 "아임 인"이라고 외치며 삶의 초대에 응한 결과이기도 했다. 베나오의 매직에 매료된 나는, 이곳에는 나를 위한 무언가가 있다고 느꼈다. 그것이 무엇인지는 아직 모르지만, 꼭 다시 돌아오겠다고 다짐했다.

내가 할 수 있는 가장 성실한 자세로
Bring your utmost sincerity

2021년 1월 베나오에서 새해맞이 모임을 마무리하고 멕시코 '차칼라'라는 조그마한 어촌 마을에 와 있다. 말데제이드Mar de Jade라는 리트리트 센터에서 요가 지도자 자격증 교육을 받기 위해서다. 바닷가 바로 앞에 위치한 센터는 위치도 주변의 자연 경관도 정말 멋진 데다 설립 의도 역시 감탄할 만하다. 1982년 멕시코에서 태어난 로라Laura del Valle라는 여성이 스탠퍼드대학교에서 의사 자격증을 따고 멕시코로 돌아와 만든 곳이다. 그녀는 형제들과 함께 복잡한 멕시코시티를 떠나 아무것도 없는 차칼라에서 의료봉사를 했고, 동시에 자신들이 살 집을 짓기 시작했다. 오랫동안 불교의 선(禪)을 수련한 그녀는 누구나 명상과 요가를 할 수 있도록 집을 개방했다. 그렇게 해서 작고 허름한 집이 30년 동안 조금씩 확장돼 지금의 센터가 되었다.

센터에서 제공하는 음식은 다 직접 재배한 것들이고, 일하는 사람들도 그 지역 출신이다. 보통 이런 근사한 센터는 방문객이 지불한 돈을 센터의 수익으로 남기는데, 이곳의 돈은 다시 지역공동체로 흘러간다. 그 돈으로 차칼라에 무료 의료원이 운영되고 직원들의 자녀를 위해 센터가 설립한 학교의 교육비를 지원한다. 센터의 건물은 모두 이 지역에서 자라는 나무로 지어졌다. 모든 활동은 자연을 최대한 보존한다는 원칙하에 이루어진다. 구석구석 사소한 것들에서 설립자인 로라 선생님의 사랑이 느껴졌다. 나도 훗날 한국에 이런 센터를 세우면 어떨까 생각해본다.

정식 교육이 시작되기 전날, 나는 바닷가에서 명상을 하며 21일간의 트레이닝에 임하는 마음가짐을 머릿속으로 정리해본다. **"매 순간 내가 할 수 있는 가장 성실한 자세로 임하겠다**(Bring my utmost sincerity)"라는 의도를 설정한다. 10년 이상 요가를 해왔다고 해서, 다 아는 내용이라고, 좋아하지 않은 포즈라고 자칫 소홀히 하거나 집중을 흐트러뜨리지 않고, 매 순간 최상의 성실함으로 최선을 다하자는 의도였다. 단순히 열심히 하겠다는 의미를 넘어 일을 대할 때 **신중하고 존중하는 마음가짐과 태도**를 갖겠다는 의지이기도 하다.

이곳의 요가 교육은 3주 동안 200시간을 수료하는 일정이다. 하루에 6시간 동안 요가 포즈인 아사나를 익히고 나머지는 요가 철학과 역사에 대해 배운다. 요가는 '수행'을 통한 깨달음을 꾀한다. 단지 요가 매트 위에서 취하는 아사나만 공부하는 것이 아니라 매트 밖에서도 수행이 요구된다. 이를테면 벌레나 모기를 죽이는 행위도 금한다. 식사는 당연히 채식이다. 커피, 술, 담배도 금지다. 교육 기간 동안 몸과 정신을 정화하자는 취지다. 첫날 리트리트의 규칙을 읽으며 내가 과연 모기의 생명을 존중할 수 있을지 상상해본다. 생각해보니 모기도 살자고, 자기 새끼들 주겠다고 내 피를 빨아먹는 것 아닌가? 나로서는 가려운 것 말고는 별 지장이 없는데 말이다. 적어도 3주 동안은 살아 있는 모든 생명을 성스럽게 여기는 생활을 해보겠다 다짐한다.

매일 아침 6시에 일어나 모닝 리추얼로 하루를 시작한다. 입 안의 박테리아를 제거하기 위해 치실과 혀 클리너를 사용해 입을 청소한다. 그런 다음 양치를 한다. 유기농 코코넛오일을 한 티스푼 입에 털어넣고 10분 정도 꼼꼼히 가글을 한다. 이 역시 박테리아 제거 및 충치 예방에 효과적이다. 식당에 가면 인간의 체액에 농도와 온도를 맞춰둔 소금물이 준비되어 있다. 이를 이용해 비강 및 안구 세척을 한다. 처음 해보는 터라 신기하고 어색했지만, 아프다기보다는 매우 시원한 쪽에 가깝다. 세척이 끝나면 따뜻한 허브차를 마신다. 그 후 부드럽게 스트레칭을 한다. 이렇게 하루를 시작하면 몸도 마음도 가벼워진다.

평소 혼자 살 때는 일어나자마자 휴대폰부터 확인하고 커피를 내렸다. 아침잠이 많은 내가 6시에 일어나는 것부터 무리다. 하지만 이곳 리트리트에서는 다 같이 공동 생활을 하기에 명확한 지침과 구조를 갖춘 집단적 컨테이너가 만들어져 있다. 당연히 모닝 리추얼 같은 새로운 습관을 들이기가 훨씬 쉽다. 이렇게 우리는 매일 아침 몸을 깨끗이 하여 더 건강하고 명료한 마음으로 교육에 임한다. 교육이 끝나도 나만의 모닝 리추얼을 계속 이어가겠다는 생각이 든다. 내가 나에게 주는 선물로 이보다 더 큰 게 있을까 싶다.

요가 교육 중 산스크리트어를 배우는 시간이 있었다. 오래된 요가 텍스트는 대부분 이 고대 언어로 쓰여 있다. 만트라와 요가 자세도 모두 산스크리트어로 되어 있다. 나를 가르치는 미미 선생님은 우리가 요가를 깊이 공부하길 원했고, 그러려면 산스크리트어를 알아야 한다고 하셨다. 영문학을 공부하는 사람이 영어를 알아야 하는 것처럼 말이다.

나의 첫 반응은 저항에 가까웠다. 우선 나는 언어에 소질이 없어서 새로운 언어를 배우는 게 무척이나 힘들다. 게다가 지금은 쓰이지도 않는 고대 언어를 배운다니 시간낭비 같았다. 대학에 다닐 때 막연히 배워두면 좋을 것 같아서 관심도 없는 중국어 입문을 수강한 기억이 났다. 매일 새로운 중국어 단어를 20번씩 써 가야 하는 숙제가 있었는데, 나는 그것을 중학생 수준의 공부라고 여겨 한 번도 제출하지 않았다. 그래서 필기시험을 다 맞히고도 결국 B학점을 받았다. 참 오만방자했다. 하지만 지금도 그 고집이 있다. 왜 해야 하는지 납득하지 못한 일은 여전히 하기 싫기 때문이다. 그래서 미미 선생님께 나는 요가 선생님이 될 것도 아니니 산스크리트어 공부를 하고 싶지 않다고 조목조목 설명했다. 이야기를 귀 기울여 들은 선생님은 결국 나더러 판단하라고 하셨다.

그런데, 인간은 스스로 결정할 수 있게 되면 다시 고민하게 되나 보다. 막상 마음대로 해도 되니 망설여졌다. 그러다 센터에 온 첫날 기록해둔 나의 마음가짐이 눈에 들어왔다. "매 순간 내가 할 수 있는 가장 성실한 자세로 임하겠다." 고작 3주, 하루에 한 시간만 배우면 되는데 하면 좀 어떤가 싶었다. 게다가 사려 깊은 선생님이 그렇게 커리큘럼을 계획한 데에는 이유가 있지 않을까. 결국 선생님을 믿어보기로 했다. 나란 사람은 한 번 결정하면 열심히 하고, 무언가를 좋아하면 진지해진다. 그런 열정과 진정성을 갖고 산스크리트어를 열심히 공부했다. 미미 선생님을 위해서가 아니라 나를 위해서였다.

교육 기간 중 요가 지도자로서 우리의 미션이 무엇인지 생각해보는 시간이 있었다. 스타트업에서도 기업의 미션과 가치를 매우 중요하게 여긴다. '그 회사는 무엇을 하는 곳이며, 왜 존재하는가'를 내포한 문장으로 회사의 목적을 소통할 수 있기 때문이다. 나 역시 개인 사명선언서에 대해 생각해본 적이 있다. 하지만 항상 어려웠다. 이번에도 '나는 왜 존재하는가'라는 질문에 피상적인 대답밖에 떠오르지 않았다. 이런 나에게 선생님은 앞으로 사회에 어떤 영향을 미치고 싶은지 물어보며 더 깊게 생각하도록 이끌어주셨다. 우물쭈물하는 나를 보고 선생님은 다시 한 번 격려했다. "말도 안 되는 것 같고 그럴 용기가 없는 것 같아도, 연습 삼아서라도 최대한 큰 꿈을 적어보세요."

안간힘을 써서 마침내 만든 개인 미션은 "나는 코칭을 통해 사람들이 가능한 최고의 삶을 누리도록 인도하고 싶다"였다.

써놓으니 괜히 부끄럽고 어색하다. 아직 부족한 것이 한참 많은 내가 다른 사람들에게 무언가 줄 내면의 준비가 되어 있을까? 미션이라는 것을 만들어놓고 이루지 못하면 더 속상하지 않을까? 지난 12 체어스 카페의 경험처럼 즉흥적인 가능성을 캐치하려면 오히려 계획이 방해가 될 수 있는데 선언해버리면 너무 사고의 기준이 까다로워지는 것 아닐까? 머릿속이 복잡해지며 선언문 작성을 머뭇거렸다.

주변 친구들은 어떻게 썼나 힐끗 보았다. 내 옆에 앉은 카밀은 "다른 사람들이 나의 호텔에 와서 마법 같은 경험을 하고 나의 존재를 통해 영감을 받고 힐링을 경험한다. 그들이 자신의 가능성을 믿도록 격려하고, 참여하고, 준비한다. 이를 통해 사회에 긍정적인 변화를 이끌어낸다"라고 썼다. 이제 스물일곱, 나보다 열 살이나 어린 벨기에 출신의 친구인데, 이미 책을 두 권이나 출간했고 프랑스 노르망디에서 자기 부티크 호텔을 운영하는 능력자다. 카밀의 사명선언서를 보니 참 카밀답게 당당하다. 다른 친구들의 선언문도 우리가 사는 이 세상에 어떤 영향을 미치고 싶은지로 채워져 있다.

"선생님, 저는 지금 제 성장이 가장 중요해요. 이기적이라 그런지, 사회에 어떻게 공헌하겠다는 말을 쓰는 게 억지 같아요. 우주가 저를 통해 이루고자 하는 게 있을 수도 있는데, 제가 엉뚱한 걸 미션이라고 쓰면 우주의 의도가 실현될 가능성을 차단하는 것 아닐까요?"

선생님은 나의 질문에 웃으며 이야기하신다.

"걱정 말아요, 애린. 애린의 그릇이 차면 자연스레 사회를 위해 어떤 공헌을 하고 싶은지가 떠오를 거예요. 어떤 공헌을 하고 싶은지는 계속 생각해봐요. 우주도 애린이 무엇을 이루고 싶은지 방향성이 확실해야 그 꿈을 실현하도록 해줄 거예요. 물론 그 꿈이 바뀔 수도 있고, 우주가 실현해주는 것은 다른 모습일 수도 있지요. 하지만 출발점은 바로 애린이 꾸는 꿈이에요."

그녀의 말은 울림이 있었다. 여전히 선언서는 어색하지만, 선생님의 격려를 받아 최대한 성실한 자세로 계속 작성해본다.

"나는 요가와 명상을 결합한 코칭을 통해 사람들이 누릴 수 있는 최고의 삶을 누리도록, 행복하고 편안할 수 있도록 인도하고 싶다." 아직도 부족한 것 같고 뭔가 확 와닿지는 않지만 어쨌든 내가 마음을 다해 써본, 내 인생 최초의 선언서였다.

긴 하루가 끝나고 저녁 시간이다. 한 입 한 입 입안에서 씹히는 싱싱한 채소에서 이곳에서 생산되고 조리되어 내 몸으로 들어오는 음식의 에너지가 느껴진다. 지금 먹는 이 당근은 양지바른 곳에서 자랐다. 발아된 씨앗은 흙 깊숙이 뿌리를 내려 양분을 빨아들인다. 땅을 뚫고 나온 새싹은 햇빛의 에너지를 받는다. 농부는 울타리를 쳐 야생동물로부터 당근을 보호한다. 물도 주고 잡초도 뽑아준다. 잘 영근 당근은 땅 위로 뽑혀 수확된다. 농부의 경운기로 운반된다. 아마 어느 유통 창고에 며칠간 저장될 수도 있다. 그런 다음 용달차를 통해 센터에 도착한다. 식당 요리사는 당근의 흙을 털어내고 씻고 채 썰어 정성스레 오늘 저녁 요리를 완성한다. 내 식탁에 올라온 당근은 이렇게 자연의 섭리대로 생성되는 에너지를 받고 여러 명의 손을 거쳐 여기까지 온 것이다. 그 과정을 그려보며 며칠 전만 해도 인근 밭에 심겨 있었을 싱싱한 당근을 생각해본다. 그 에너지가 삶의 원천으로 나에게 전해지는 것 같아, 맛을 음미하며 씹는 행위에도 최대한 정성을 기울인다.

그렇게 3주간의 교육이 끝났다. 마지막 날, 미미 선생님은 환하게 웃으며 수료증을 건넸다.

"애린은 참 가능성이 많은 사람이에요. 애린이 요가 지도자를 직업으로 꿈꾸지 않는 건 알지만, 누군가 애린에게 요가를 가르치고 싶냐고 물어보면 항상 'Yes'라고 답해봐요. 그게 애린에게 새로운 기회를 열어줄 것 같아요. 그리고 언젠가 우리 같이 리트리트를 운영해봐요. 애린이 미래에 리트리트를 운영하는 모습이 그려지거든요."

그렇게 나는 가능성의 씨앗을 또 하나 마음에 심었다.

아무것도 하지 않는 기술
Art of doing nothing

2021년 2월 요가 지도자 트레이닝을 끝내고 샌프란시스코로 돌아와 집을 정리했다. 룰루도 친구에게 부탁했다. 베나오로 다시 돌아가고 싶어서다. 돌아올 날을 기약할 수 없어서 비행기 티켓도 편도로 구매했다. 말도 안 통하고 아는 사람도 거의 없는 베나오에 왜 다시 가고 싶은지 나도 의아했다. 다만 지난번 베나오에서 느낀, 반드시 다시 와야 할 것 같다는 막연한 직감을 믿었다. 베나오에 가도 어차피 원격으로 회사 일을 하고 코칭을 할 테니 내 삶이 크게 바뀔 것 같지는 않았다. 쉬는 시간에 넓은 바다에서 서핑할 상상을 하니 조금 들뜨기도 했다. 친구들도 내가 '아름다운 천국'에 간다며 부러워했다.

하지만 다시 온 베나오는 지옥 같았다. '생활'을 하는 것은 새해맞이 모임 때 경험했던 마법 같은 일주일과 전혀 달랐다. 우선 모임에 함께했던 커뮤니티가 없었다. 게다가 도시의 편리함에 길들여진 나에게 덥기 그지없는 파나마 시골은 모든 것이 불편했다. 아무리 생명을 사랑하라는 요가 트레이닝을 방금 마치고 왔다 해도 치트라chitra라는 모래파리가 온몸을 사정없이 물어댈 때는 다 죽여버리고 싶었다. 있을 곳도 마땅치 않았다. 호텔비를 아끼기 위해 수소문해서 겨우 어느 아파트의 방 한 칸을 구했다. 대학 때 지냈던 것 같은 아주 작은 방이었다.

일주일이 지나서야 짐을 풀었다. 몇 달은 너끈히 지낼 만한 양이었다. 나도 챙겨 먹고 선물로도 주겠다고 바득바득 싸온 비타민D와 오메가3 피시오일이 보였다. 다 부질없었다. 허망했다. 마음 터놓고 이야기할 사람 한 명 없는, 정글에서의 지독한 외로움이 찾아왔다. 침대에 들어가 혼자 울었다. 잘 알아보지도 않고 무모하게 일을 벌인 나의 실행력을 원망했다.

'대체 여기서 뭐하는 거지? 이런 데 살려고 그렇게 정성들여 꾸민 샌프란시스코 아파트를 버리고 왔나? 내 집은 어디지? 지금은 베나오가 나의 집인가?'

질문을 되뇔수록 물리적인 집이 아닌 감정적인 집에 대한 생각으로 기울었다. 나는 뉴욕의 다이내믹한 에너지도 친숙하고, 샌프란시스코의 창의적인 에너지도 익숙하다. 데렉과 만나면서 느꼈던 안정감도 좋다. 지금 베나오에서는 이런 것들이 전혀 느껴지지 않았다. 에설런의 명상 리트리트에서 로마 선생님이 '너의 진정한 집은 네 안에 있다'고 한 말씀이 떠올랐다. 내 안에 있는 집을 찾고자 명상을 시도해보지만 부질없다. 명상이고 뭐고 기러기처럼 떠돌며 살아가는 내 인생이 그저 슬프고 한탄스러울 뿐이었다. 몸도 마음도 지쳐 있었지만 억지로 몸을 일으켜 밖으로 나갔다. 맑은 공기를 마시며 기분전환을 하고 싶었다. 석양이 질 무렵 보드를 빌려 파도에 몸을 맡겼다. 서핑을 하는데 저쪽에서 어제 저녁식사 자리에서 만난 두 사람이 바다로 들어오는 것이 보였다. 어두운 얼굴로 모르는 사람들과 잡담하고 싶은 기분은 아니었다. 하지만 결국 인사를 했다. 쉽지만 어려운 '안녕'이었다.

그들은 발리아와 로스라고 자신들을 소개했다. 발리아는 곧 바다를 떠났고 나와 로스만 남았다. 190㎝ 정도의 큰 키에 마른 그는 이스라엘에서 왔다고 했다. 이스라엘이라고 하니 왠지 친밀감이 느껴졌다. 그래서 다짜고짜 그에게 물었다.

"베나오에서 지내기 힘들지는 않니? 네 인생에서 가장 힘든 순간은 언제였어?"

그렇게 우리는 깊은 대화를 시작했다. 보드를 타고 파도 위를 정처 없이 떠다니며 그와 마음속 이야기, 내가 왜 소속감을 갈구하는지에 대한 고민을 나누었다. 수평선 저쪽으로 오늘의 해가 지고 있었다. 광대한 바다에서 처음 만난 누군가에게 마음을 터놓는 것 자체가 나에게 힐링이 되었다.

숙소로 돌아와 미국으로 돌아갈지 심각하게 고민하던 차, 타이밍을 맞추기라도 한듯 나의 저널에서 2021년 새해 소원으로 썼던 카드가 침대 위로 톡 떨어졌다. 불과 두 달 전에 하와이에서 다운 언니와 쓴 소망이었다.

"나를 이루는 근본 신념들을 점검해 나라는 사람의 깊이를 키우고 싶다." 아, 이게 현실이 되고 있음을 직감했다. 베나오라는 타지에서 큰 시험을 맞닥뜨린 기분이었다. 이곳의 지독한 외로움도 사실은 내가 했던 암묵적 기대와 달라서 힘든 것이었다. 그래도 연말 모임에 한번 와봤다고, 그때 만났던 스테파노 같은 친구들이 나를 반겨줄 거라 기대했다. 하지만 그들은 지역 공동체에 굉장히 애착이 커서 나를 끼워주지 않았다. 그래서 서운하고 외로웠다. 이는 곧 나의 믿음을 돌아보고 내려놓으라는 신호처럼 느껴졌다. 끝없이 부서지는 베나오의 파도가 나의 믿음을 하나씩 무너뜨리며 부드럽게 휩쓸어가는 듯했다. '우주는 이렇게 내가 원한 것을 다 들어주는구나' 하는 생각에 원망스러우면서도 감사했다.

지난 몇 달을 돌아보았다. 사미어가 나를 믿어준 덕분에 스스로를 더 깊이 믿게 되었다. 서핑을 하며 나의 강인함을 발견했다. 뉴욕과 멕시코에서 계획하지 않은 일에 즉흥적으로 나를 맡김으로써 더 멋진 미래가 펼쳐질 수도 있음을 경험했다. 처음부터 편안한 것은 없다. 시작에는 대개 불편함이 따른다. 새로운 환경에 적응하는 과정이기 때문이다. 그리고 그 새로운 환경은 나의 새로운 모습을 발견하게 한다. 이런 새로움에 아임 인, 나는 도전한다.

지금은 불편하고 외롭더라도 베나오로 나를 이끈 이유가 있을 거라고, 우주를 믿어보기로 했다. 그렇게 나라는 사람의 영역을 확장해가는 베나오라는 새로운 인생의 챕터가 열렸다.

머물기로 결정하긴 했지만 정체 모를 막막함은 쉽사리 떨쳐지지 않았다. 베나오에 머무는 동안 회사의 조직문화 및 리더십 관련 콘텐츠를 만드는 업무를 파트타임으로 하고 나머지 시간에 코칭을 더 열심히 할 계획이었다. 하지만 막상 여기 와보니 그냥 아무것도 하기 싫었다. 내 안에 간절함이 없었다. 반드시 해야 하는 회사 미팅만 겨우 참석했다. 바쁜 것도 아니고, 그렇다고 다른 무엇인가를 열심히 하는 것도 아니었다. 생산적이라 믿는 일들, 가령 회사 업무나 코칭을 하거나 책을 읽는 것들이 영 내키지 않았다. 시간이 없어서 쩔쩔매던 예전과 달리, 시간이 남아도는데도 하루하루는 빠르게 흘러갔다. 아침에는 요가를 하고 점심은 해변의 레스토랑에서 식사를 한다. 오후에 더워지면 방에 들어가서 쉬다가, 일몰 즈음이 되면 해변에서 맥주 한잔하며 친구들과 저녁을 먹는다.

매우 간단히, 하루하루를 물 흘러가듯 살고 있었다. 나쁘지 않은 일상이었지만 마음속에서 나를 괴롭히는 죄책감의 목소리가 들렸다. '30대 중반이면 한창 일해야 할 시기인데, 이렇게 해변에서 시간을 흘려보내는 게 맞나? 샌프란시스코였다면 온라인 데이트라도 나갈 텐데.' 계속 '성취'하며 '생산적'으로 살아온 나에게 '아무것도 하지 않는' 이 공간과 시간은 너무 낯설었다. 무언가를 더 계획하고 더 이루어야 할 것 같았다.

그러다 곧, 지금 내가 과도기에 있다는 사실을 알아차렸다. 이 과도기는 나의 존재를 더 깊이 있게 해주는 여행의 가능성과도 맞닿아 있었다. 나의 고통은 '생산적인 일을 해야 한다'와 '아무것도 하기 싫다'는 생각 사이의 갈등에서 비롯된 것이다. '생산적인 일을 해야 한다'고 생각한 이유는 더 이룰수록 남들에게 사랑받고 존경받을 수 있다고 믿기 때문이다. 이러한 믿음을 바탕으로 많은 **두잉**doing, 즉 행동을 해왔다. 계획하기, 전략 짜기, 실행하기, 일하기, 자격증 따기 등등…. 반면 **빙**being이란 두잉과 대조되는 개념으로 **존재 방식**을 의미한다. **사람의 그릇, 그 사람의 울림, 마음의 깊이** 같은 것들이다.

베나오의 신비로운 에너지는 내 존재를 더 깊이 들여다보도록 손짓하고 있었다. 그릇이 큰 코치가 되기 위해 행동지향적인 예전 패턴을 점검하고 한층 깊은 존재 방식을 배우고 싶었다.

LA에서 인도의 성인이라는 암마Amma를 만났을 때가 떠올랐다. 만나는 모든 사람을 안아준다고 해서 허깅 세인트hugging saint로 알려진 그녀에게 나도 포옹을 받았다. 신기하게도 서로 언어가 통하지 않았지만 그녀의 존재만으로 편안해졌다. 나도 그런 존재가 되어 더 깊게 사랑하고 편안해지고 싶었다. 타인에게 영향력을 미치고 그들의 삶을 돕는 사람이 되려면 코칭 기술을 익히기 전에 나의 내면을 먼저 성장시켜야 했다. 인간은 수축과 확장의 반복을 통해 성장한다. 내 존재방식에 깊이를 더하기 위해 지금은 내면의 성장인 '빙'에 집중해야 할 때였다.

그래서 한 달 동안 나 자신에게 **'아무것도 하지 않아도 되는 시간**(Art of Doing Nothing)**'**을 선물하기로 했다. 한 달 동안은 해야 한다고 생각하는 것들(회사의 리더십 콘텐츠 구성하기, 코칭 비즈니스 발전전략 짜기, 명상 교육 과정 필수서 읽기 등)이나 내부 잔소리꾼의 사악한 목소리에서 자유로워져 삶의 에너지가 이끄는 대로 살아보는 거다. 길지도 짧지도 않은 한 달이라는 시간 동안 실험해보면 무언가 바뀌어 있을 것 같았다. 그래도 똑같이 아무것도 하고 싶지 않다면 그때 다시 생각해보기로 한다. 그렇게 나는 나에게 아무것도 하지 않는 시간을 **허락**했다.

한 달을 물 흐르듯 보냈다. 아침에 알람 없이 일어난다. 적당히 휴식을 취하면 몸이 알아서 깨어난다. 느릿느릿한 아침을 보낸다. 침대에서 파도소리를 들으며 스스로에게 물어본다. "나는 오늘 무엇을 하고 싶은가?"

쉽지만 나에게는 어려운 질문이다. 오랫동안 주변 사람들에게 맞추는 삶을 살고, 매일 무얼 해야 하는지 정확히 아는 일상을 보냈기 때문이다. 그래서 **의식적으로 매일 나의 목소리를 듣는 연습**을 한다. 뭐, 특별히 하고 싶은 건 없다. 아무 계획 없는 하루는 무한한 가능성으로 가득하다.

아침 7시 30분에 문을 여는 엘시티오 레스토랑에 가서 커피를 마시고 명상을 하며 저널링을 한다. 썰물 때인지 바닷물이 저 멀리에 있다. 9시에는 셀리나의 요가 클래스를 간다. 매일 하는 요가라 여기 사람들과는 꽤 가까워졌다. 그중 한 명인 에티와 함께 그녀의 큰딸이 하는 비건 쉑(Shack, 오두막집 구멍가게)에 간다. 그곳에서 그린 가데스Green Goddess라는 스무디를 시킨다. 스무디 이름도 참 재미있게 잘 지었다. 가데스는 여신이라는 뜻인데 오늘은 왠지 초록빛 가득한 스무디를 마시며 나만의 여신이 되어보고 싶다. 에티와 수다를 떨고 점심때에는 셀리나 해변의 식당으로 들어가 본다. 제사냐와 요하나스가 있다. 친구들을 안으며 인사를 나눈다. 점심으로 누텔라를 잔뜩 얹은 크레이프를 시킨다. 평소 같으면 살찐다고 자제할 텐데 오늘은 내키는 대로 주문한다. 너무 맛있다. 한 입 한 입 느리게 음미한다.

적도 근처라 그런지 30도 정도에도 이곳의 자외선은 피부를 파고드는 것 같다. 주근깨도 많이 생겼다. 이런 날은 나를 늘어지게 한다. 강렬한 햇빛을 피해 오후에는 쉬러 방으로 돌아간다. 내 방은 페라하라는 이스라엘 아주머니의 집에 딸린 스튜디오다. 나만의 키친이 없어서 아쉽긴 하지만 침대에서 바다가 보이는 게 좋아서 선택했다. 침대에 누웠지만 막상 잠이 오지 않아 일기를 끼적이다 책을 읽는다. 지금 읽는 책은 멕시코 출신 작가인 돈 미구엘 루이스Don Miguel Ruiz가 쓴 《사랑의 신비The Mastery of Love》다. "인생의 진정한 사명은 자신을 행복하게 만드는 것이며, **행복하기 위해서는 자신이 믿는 것, 자신을 판단하는 방식, 자신을 희생시키는 방식을 살펴야 한다**"는 구절이 와닿는다. 호프먼의 '패턴을 살펴보라'는 것과 비슷한 이야기인 것 같은데, 멕시코 출신인 그에게 이런 메시지를 받으니 행복의 진실은 국경과 문화를 뛰어넘는 것 같다. 패턴이 없는 인간이 존재 가능한지, 왜 인간은 행복을 추구하는지 등 생각의 나래가 끝도 없이 펼쳐진다. 해변에 부서지는 파도가 나의 오랜 생각들도 하나씩 벗겨내는 듯하다.

　해질녘이 되어 서핑을 간다. 오랜만에 나온 서핑이다. 스테파노와 브라이언을 바다에서 만난다. 나보다 훨씬 서핑을 잘하는 그들은 쇼트보드로 날렵하게 파도를 가른다. 그들이 타는 보드의 길이는 약 6피트로 내가 타는 8피트 롱보드보다 훨씬 날렵해 스피드가 더 난다. 나도 오늘은 파도를 몇 개 타본다. 저 뒤에서 환호하는 그들의 목소리에 덩달아 우쭐해진다. 서핑을 끝내고 셀리나에 가 수영장으로 첨벙 뛰어든다. 몸에서 바닷물을 씻어내는 나만의 방식이다. 20대 때만 해도 미국 친구들은 수영장에 첨벙 들어가는데 나는 다칠까 봐 무서워서 항상 사다리를 이용해 조심히 들어갔다. 여기서는 그때 못한 점프를 매일 한다. 수영장이 깊지 않아 다칠 염려도 없는 데다 이제는 나를 믿는 마음에 이게 오히려 재미있다.

셀리나에서는 DJ가 선셋 음악을 틀어주었다. 저쪽에서 춤을 추는 친구들이 몇 명 보인다. 젖은 수영복 차림 그대로 그들이 저녁 먹는 자리에 조인한다. 매일 보는데도 어쩌면 이렇게 할 얘기가 많은지 모르겠다. 이번 주말은 뉴 문new moon, 즉 새 달이니 다 같이 모여 코코아 음료를 만들어 나눠 마시고 소원도 비는 달맞이 세리머니를 해볼까 궁리한다. 새 달은 빛이 약해 이맘때면 별들이 더 잘 보인다. 밤하늘을 그렇게 좋아하는데도 막상 별자리는 몇 개 모른다. 오늘은 내가 아는 몇 안 되는 별자리 중 하나인 북두칠성이 보인다. 어디선가 우리가 보는 별들은 수백만 년 전에 죽은 별들이라고 읽었다. 인간의 머리로 이해하기도 어려운 오랜 시간 전에 출발한 빛이 우주를 여행해서 지금 내 눈에 닿는다. 그럴 수 있는 확률이 얼마나 될까? 그저 신비할 따름이다. 이제 다시 방으로 돌아간다. 수영복은 다 말랐지만 제대로 된 샤워를 한다. 그렇게 오늘을 마친다.

흔들릴 때도 있다. 나를 닦달하는 내 안의 목소리도 여전하다. 샌프란시스코의 친구들이 눈물 나게 그리울 때도 있다. 길을 잃었다고 생각되는 **그 순간의 느낌을 그대로 받아들인다.** 인생이 강이라면 그 강처럼, 흐름의 에너지에 따라 흘러간다. 강물이 잔잔할 때도 있고 소용돌이치는 거친 물살일 때도 있다. 어떤 물결이든 그 흐름을 그대로 따르듯 나도 흥분, 기쁨, 열광부터 슬픔, 화, 절망, 두려움 등 내게 오는 모든 감정을 허용하고 흐르게 한다. 그 모든 것을 신뢰하면서.

그렇게 모든 에너지와 생명에 마음을 열기 시작했다. 삶과 사랑이 나를 통해 흐른다고, 모든 경험은 그 자체로 완벽하다.

아무것도 하지 않는 것은 시간낭비가 아닌, 잘 살기 위해 반드시 필요한 투자였다. 이 기간은 빈둥거리는 시간이 아니라 에너지의 원천이 되었다. 아무것도 하지 않는 시간은 단순히 재미를 좇는 것이 아니라 창의성을 자극하고 새롭게 발견한 존재방식에 집중할 기회를 선사했다.

땅을 일구고 씨앗을 심었다. 이 씨앗이 잘 자라면 사람들이 쉬고 새들이 둥지를 트는 큰 사과나무가 될 것이다. 그렇게 되기까지는 시간이 걸리고 무엇보다 애정과 정성 어린 돌봄이 필요하다. 나 역시 이 비옥한 토양이 주는 창조적인 에너지로 서서히 흙을 뚫고 잎을 만들어내면서, 든든한 나무가 되도록 정성 어린 공간을 만들어간다.

기대를 내려놓고 있는 그대로
What is love?

어쩌면 파나마에서 아무것도 하기 싫었던 이유는 내가 사랑에 빠졌기 때문인지도 모른다. 베나오에 와서 무기력하게 지낼 때, 아무도 없는 곳에서 마음의 집을 그리워할 때 나의 속마음을 털어놓은 친구, 바다에서 만난 로스는 내 단짝이 되었다. 로스는 나를 '외계인'이라 불렀다. 내가 도착하기 전날 밤하늘에 큰 유성이 떨어지는 걸 봤는데, 내가 그 유성을 타고 왔다는 것이다. 그도 그럴 것이 우리는 서로 너무도 달랐다.

나는 한국에서 태어나 미국으로 유학을 왔다. 뉴욕 금융가, 캘리포니아 실리콘밸리에서 CEO들과 일했고, 책 읽고 글 쓰는 것을 좋아한다. 무엇이든 깔끔한 것과 계획하는 것을 좋아하고, 되도록 일찍 자고 일찍 일어나려 노력한다. 반면 로스는 한

마디로 '아티스트'의 전형이다. 늦게 일어나 밤새워 일한다. 항상 "우리 언제 만날까?"라고 묻는 나에게 "흘러가는 대로(We flow)"라고 답한다. 참으로 즉흥적이다. 대체 그렇게 하면 언제 만나나 답답해진다. 물론 인구 100명도 안 되는 작은 마을 베나오에서는 오히려 마주치지 않기가 더 어렵긴 하지만 말이다.

로스는 우크라이나에서 태어나 이스라엘에서 자랐다. 집이 정말 찢어지게 가난해서 네일 아티스트, 꽃꽂이, 레스토랑 서빙 등 생계를 위해 무엇이든 닥치는 대로 했다고 한다. 어릴 적부터 자유를 가장 큰 가치로 여겼기에 강압적이고 위계적인 이스라엘 군대에 적응하지 못하고 쫓겨났다. 대학은 가지 않았다. 영어를 제대로 배운 적도 없다. 아티스트가 될 거라고 굳게 믿고 있었기에 20대 초반에는 창작에만 전념했다. 그러느라 경제 활동을 하지 않아 6개월 동안 노숙자로 지낸 적도 있다. 10년이 지난 지금 그는 이스라엘에서 각광받는, 떠오르는 아티스트가 되어 있다. 정식으로 미술을 배운 적이 없지만 지금은 예술학교 학생들이 와서 그를 인터뷰한다. 호기심 많은 그답게 다양한 예술품을 만들고, 주로 나무와 쇠를 다룬다. 그를 주목받게 한 장르는 경험 디자인으로 페스티벌, 전시회, 클럽 등에서 굉장히 독특한 분위기를 연출한다.

많은 아이의 아버지가 되고 싶었던 그는 그러려면 돈을 많이 벌어야 한다고 생각했다. 그래서 일에 매진한 지 8년, 이제 알

아주는 아티스트가 되었지만 정작 자신을 잃어버린 느낌이라고
했다. 그래서 하던 프로젝트를 다 그만두고 베나오에 왔다. 나
를 만나기 전, 그는 이곳에서 한 달간 정글 깊숙이 위치한 자신
의 카지타(casita, 오두막)에서 혼자 지내며 아티스트나 유대인이
아닌, 그 안에 존재한 자신이 누구인지 찾고 있었다.

로스가 베나오에 온 계기는 조금 독특했다. 5년간 사귄 여자
친구 토마를 통해서였는데, 그녀와 친한 친구의 부모님인 아비
아드와 로니가 오래전부터 겨울이면 베나오에 머물렀다고 했
다. 아비아드와 로니는 두 분 모두 코치로, 몇십 년 동안 세계적
인 코칭 전문 회사를 경영하고 있다. (두 분은 내가 베나오에서 지내
는 동안 나의 선생님이었다.) 로스 역시 그분들에게 코칭을 받아 자
신의 패턴을 발견했다. 그리고 이번에 그분들이 베나오에 짓는
저택을 디자인하기 위해 이곳에 온 것이었다.

자라온 배경도, 가치관도 달랐지만 나는 로스의 순수하고
따뜻하고 지혜로운 마음에 끌렸다. 개구쟁이 같은 외모였지만
모든 사람을 진심으로 사랑하는 행동에서 그만의 존재감이 느
껴졌다. 그는 다른 사람들의 에너지에 예민한 터라 정글의 산
에 있는 아기자기한 카지타에 살았다. 베나오에서 지내는 동안
카지타는 나에게 요람과 같은 곳이 되었고, 매일 저녁 그곳에
서 수많은 대화를 나눴다.

"로스, 너는 사랑이 뭐라고 생각해?"

그때까지만 해도 나에게 사랑은 '소유'와 동의어였다. 사랑이
란 내 연인에게만 주는 것이라 믿었고, 내 연인이 무엇을 원하
는지에 맞추는 것이었다. 그 과정에서 기대가 생기고, 다시 그
기대를 충족해주는 것이 사랑이라 믿었다.

로스가 대답했다.

"사랑이 소유라면, 다른 사람을 소유한다는 게 과연 가능할
까? 그 사람은 네가 하고 싶은 대로만 해야 하는 거니? 그럼 너
는 연인이 기대에 어긋나는 행동을 하면, 사랑하지 않을 거니?
그건 조건적인 사랑 아닐까?"

로스가 담배를 한 모금 피운다. 담배 연기가 램프 빛을 따라
천장으로 올라간다. 천장의 도마뱀붙이가 눈에 들어온다. 로스
는 아랑곳하지 않고 말을 이어갔다.

"나는 사랑은 무조건적이라고 믿어. 사랑에는 의무가 없어.
의무가 없기 때문에 자유롭지. 조건적 사랑은 두려움과 의무로
가득 차 있어. 무조건적 사랑은 다른 사람을 있는 그대로 받아
들이는 거야. 물론 우리는 인간이라 우리의 패턴들, 즉 욕심이
나 질투 때문에 상대를 우리 마음대로 바꾸고 싶어 할 수도 있
지. 나의 패턴 중 하나는 토마의 세상에서 내가 중심이 되고 싶
다는 거였어. 그녀의 패턴 역시 남자친구를 자기 세상의 중심에
두는 거였지. 우리는 서로 잘 맞는다고 생각했고, 그게 사랑이
라고 믿었어. 토마는 나보다 여덟 살이 어리니 항상 나에게 조

언을 청했어. 어리고 연약한 토마의 세상에서 중심이 된 나는 그녀가 어디를 가든 알고 싶어 했고 내 뜻대로 해주기를 바랐어. 그게 나의 책임이자 의무라고 생각했지. 그녀 역시 내 말을 잘 들어주는 게 연인으로서 자신의 책임이자 의무라고 생각했어. 하지만 그렇게 시간이 지나니 우리 관계가 무거워졌어. 둘 다 행복하지 않았지. 많이 다투기 시작했어. 인간은 모두 자유를 꿈꾸는데 토마는 자신의 자유를 나에게 줘버린 후 나를 비난하기 시작했거든. 나는 그녀를 너무 사랑하는데, 그녀가 나 때문에 불행해지는 게 너무 힘들었어."

나는 가만히 듣고 있었다. 그의 말이 계속되었다.

"토마와 헤어지고 가장 크게 깨달은 건 내가 조건적 사랑을 하고 있었다는 거야. 그래서 난 이제 아침마다 결심해. 모든 사람을 조건 없이 사랑하겠다고. 누군가의 행동이 내게 트리거가 된다면, 조건 없이 사랑하기가 힘들어져. 이제 나는 어떤 트리거가 생기면, 그건 상대방을 바꿀 게 아니라 나를 돌아보라는 신호라고 생각해."

신기했다. 이스라엘에서 온 아티스트 로스가 내가 미국에서 호프먼을 통해 배웠던 패턴이라는 개념으로 사랑을 설명하고 있었다. 무엇보다 나는 머리로 배운 내용인데, 그는 이미 자신의 패턴을 인지하는 삶을 살고 있었다. 그런 지혜로움이 존경스러웠다.

하지만 그가 믿는 사랑, 모든 이를 향한 조건 없는 사랑을 이해하기는 쉽지 않았다. 무슨 말인지 머리로는 알 것 같았지만 로스가 토마와 함께 있을 때 마음이 불안해지는 것은 어쩔 수 없었다. 나와 로스가 연인관계는 아니었지만 내 마음속에는 로스를 향한 애틋함이 생기고 있었기 때문이다. 더구나 모로코계 유대인인 토마는 매력적이고 날렵한 외모에 로스처럼 자유로운 영혼의 소유자다. 은근히 나와 비교하며 질투심도 생겼다. 그럼에도 나는 로스가 말하는 사랑의 정의를 머리가 아닌 마음으로 이해하고 싶었다. 그래서 우리는 매일 저녁, 더 많은 대화를 새벽까지 나눴다.

"처음 누군가를 사랑할 때는 좋은 점만 보여주고 싶고 잘 보이고 싶잖아. 그래야 사랑받는다고 믿으니까. 그런 시간을 보내고 결혼했다고 가정해봐. 같이 사는데 항상 가면을 쓴다는 게 얼마나 피곤한 일이야. 자연히 가면이 벗겨질 때도 있겠지. 그때 내가 무조건적인 사랑, 이 사람을 그대로 받아주겠다는 준비가 되어 있지 않으면 실망할 수밖에 없어. 내가 아닌 가면을 사랑하는 사람을 만나고 싶을까? 있는 그대로의 나를 이해받을 때 친밀감도 사랑도 생기는 것 아닐까?"

정말 로스와 있으면 그가 나에게 아무런 기대도 하지 않는 게 느껴져 편안했다. 그는 나에게 **"You do you"**라는 말을 자주 했다. 그의 기대를 맞추기 위해 행동하지 말고 내 마음 가는 대로 편하게 하라는 격려였다. 나에게 갑자기 일이 생겨 저녁식사 5분 전에 약속을 취소해도 호탕하게 웃어넘기는 사람이었다. 그런 만큼 나에게도 그가 무엇을 원하는지 생각해서 행동하지 말고, 그냥 내가 하고 싶은 것을 하길 바랐다. 나 자신의 욕망과 갈증을 스스로 채우길 바랐다. 그와 내가 함께 있든 아니든, 우리의 관계가 무엇이 되건, 내가 빛나기를 바랐다.

그런 바람 덕분에 나는 로스에게 내 마음의 깊은 비밀과 상처에 대해, 엄마가 돌아가실 때 아빠와 동생에게 서운했던 점까지도 편히 털어놓을 수 있었다. 그러자 로스는 한 살 때 자기 가족을 버린 아버지 이야기를 들려주었다.

"가면을 벗으려면 우리의 상처부터 치유해야 해. 자신을 먼저 사랑하는 거지. 상처를 치유한다고 해서 대단한 과정을 거쳐야 하는 건 아니야. 상처받은 모습이나 상황을 감추지 않고 이야기하고, 스스로 용납하면 어느새 상처는 우주가 나에게 선물한 과거의 일로 승화되는 것 같아. 나를 버리고 간 아버지도 그분만의 사정이 있었으리라 믿어. 그 일을 계기로 나는 주위 사람들을 더 배려하고 어머니와 더 깊은 관계를 맺게 되었어."

그는 아버지에 대해 이야기하며 정말 아무렇지 않아 보였다. 그런 상황을 이해하고 받아들인 것이 놀라웠다.

"나도 여기 와서 비로소 진정한 나를 만나게 되었어. 한 달

동안 아무도 안 만나고 혼자 나의 패턴을 점검하고 내려놓는 연습을 하면서 수도사처럼 살았더니 그 결과가 '진정한 나'더라고. 애린도 진정한 너를 만나면 두려움을 느껴서나 필요해서가 아니라, 온전히 마음을 열고 나누기 위해 조건 없는 사랑을 하는 날이 올 거라 믿어. 우선 있는 그대로의 너를 받아들이고 아끼도록 해봐. 너는 이미 훌륭하고 멋진 사람이야. 네가 너를 사랑한다면 다른 사람들도 있는 그대로의 네 모습을 받아들일 수 있어."

내가 나를 사랑해주지 못해 데렉에게 나의 부족함을 채워달라고 요구했던 예전의 모습이 떠올랐다. 그가 아무리 사랑해주어도 행복하지 못했던 나였다.

정글의 아침은 부지런하다. 아침을 여는 생명의 소리로 분주하다. 정글 한가운데 위치한 로스의 카지타에는 다양한 새가 찾아온다. 꾀꼬리같이 아름다운 소리를 가진 카라카라도 그중 하나였다. 이 새는 매일 아침 로스네 집 앞마당을 찾아와 노래를 불렀다. 로스와 이야기하다 밤을 새우면 카라카라 소리가 아침이 되었음을 알려주었다. 수도승처럼 생활할 때 매일 찾아온 이 새가 로스에게는 정글의 첫 번째 친구였다. 그는 이 새에게 조이Joy라는 이름을 붙여주었다. 그만큼 카라카라가 로스의 아침을 기쁨으로 열어주는 존재라는 뜻이기도 했고, 조이를 보며 항상 기쁨을 의식적으로 선택하겠다는 로스의 결심을 나타내는 이름이기도 했다.

하루는 로스가 토마와 저녁을 먹으러 갔다. 그 때문에 괜히 불안해하며 나도 모르게 그를 차갑게 대하자, 로스는 이러한 '나의 패턴'을 돌아보라고 했다.

"너는 주변 사람들이 네 마음에 드는 행동을 할 때만 사랑하니? 게다가 너는 내가 토마와 시간을 보냈다는 이유로 스스로 지옥을 만들고 괴로워하고 있어. 나나 다른 사람의 행동은 네가 어떻게 할 수 없는데, 왜 네가 통제할 수 없는 일로 지옥을 만드는 쪽을 선택할까? 다른 사람이 무슨 행동을 하든 너는 사랑의 에너지가 넘치는 사람이 될 수 있잖아."

정곡을 찌른다. 로스의 말은 사실이다. 의도치 않게 조건을 걸어 사랑하며 사랑을 보류하는 나의 패턴을 본다.

"**기쁨과 고통은 우리가 선택할 수 있어.** 나는 어려운 감정을 겪을 때에도 나의 자유의지로 기쁨을 선택할 수 있다고 믿어. 그게 바로 고통에서 자유로워지는 길이야. 네가 질투를 느끼는 것도 이해가 돼. 다만 질투하면서도 기쁨을 선택한다면 너는 더 이상 네 머릿속에 지옥을 만들지 않게 될 거야. 질투하더라도 사랑을 표현하는 게 가능한 거지. 그렇게 네가 표현하고 싶은 것을 표현할 수 있는 것이 진정한 자유 아닐까?"

로스의 이야기를 들으며 자유의 의미에 대해 다시 생각한다.

자유란 내가 하고 싶은 대로 하는 것이 아니다. 나에게 자유는 나의 진정한 자아를 방해받지 않고 표현하는 것이다. 나에게 자유는 사랑, 연대감, 감사, 아껴줌 같은 나의 차원 높은 영적 가치를 더 표현하는 것이다. **나에게 자유란 아무리 힘들어도 매 순간 기쁨을 선택하는 것이다.**

로스와의 관계가 진전된 것은 아니다. 시간이 지나면서 내가 로스의 매력이라고 느끼고 끌렸던 점들은 곧 내가 그에게 불만을 느끼는 이유가 되었다. 그의 지혜로움을 존경했지만, 거기에서 뻗어나온 관계 맺기 방식은 나와 달라 갈등이 생겼다. 해가 지면 잠을 자고 해가 뜨면 일어나는 나와는 정반대인 로스와 지내느라 매일 동틀 녘에야 잠을 자는 것도 내 몸에 무리가 되었다. 나와 연인관계는 아니었지만, 토마와 친근한 시간을 많이 보내는 것이 외도 아닌 외도처럼 느껴진 것도 사실이다. 외도가 무엇일까. 내 연인이 다른 여자와 잠자리를 하는 게 외도인가? 그렇다고 단정하기에는 사랑의 숭고함을 격하하는 것 같다.

로스는 나에게 아빠를 연상시켰다. 로스와 마찬가지로 아빠도 매력적이고 똑똑하며 말씀도 잘하시고 유머감각도 있다. 하지만 '사랑한다'는 식의 감정표현은 잘 안 하신다. 남들을 위해 주는 서비스로 사랑을 표현하신다. 그래서 평소 누구에게나 부드럽고 다정하게 대한다. 그런 아빠의 행동을 보며 엄마도 외도 아닌 외도로 느끼고 오해하고 상처받지 않았을까 짐작해본다. 아빠의 악의 없는 행동에 엄마가 상처받은 것처럼, 로스의 악의 없는 행동에 내가 상처받고 있었다. 왜 우주가 로스를 내 삶에 소개했는지 아직은 모르겠지만, 적어도 그를 통해 사랑과 자유에 대한 나의 생각은 크게 바뀌고 있었다.

풍요성과 간절함의 마인드셋
Abundance and Desire

베나오가 아름답기는 하나 가끔은 문명의 혜택이 그리웠다. 무엇보다도 빵빵 터지는 에어컨이. 그걸 찾아 베나오의 친구 열댓 명과 파나마의 수도인 파나마시티에 왔다. 하루아침에 외딴 마을에서 대도시 서울로 상경한 느낌이었다. 하지만 인구가 밀집한 도시답게, 파나마시티는 코로나로 인한 록다운이 엄격했다. 자정부터 오전 5시까지는 통금 제한이고, 밤 11시가 넘으면 전쟁터에서나 쓸 것 같은 큰 총을 든 경찰들이 단속을 다녔다.

우리는 통행금지 전에 다 같이 친구 집에 모였다. 밤새 술 마시고 수다를 떨 계획이었다. 로스와 함께하는 첫 여행인 데다 그와 도시를 즐길 수 있다는 기대에 내심 들떠 있었다. 그런데 자정으로 넘어가기 직전, 아파트 벨이 울렸다. 마지막 손님이 도착한 것이다. 다름 아닌 토마였다. 베나오에서 오다 가다 마주친 적은 있지만, 이렇게 같은 공간에서 몇 시간이나 함께 있어야 한다고 생각하니 무척이나 불편했다. 아무리 로스의 조건 없는 사랑을 이해한다 해도 내 마음속에 지금 일어나는 질투와 불안은 어쩔 수 없었다. 심장이 급하게 뛴다. 아직 로스 같은 성자가 되려면 멀었나 보다. 마음 같아서는 도망가고 싶지만 통행금지 때문에 호텔로 돌아갈 수도 없었다.

결국 이러지도 저러지도 못한 채 친구 아파트에서 밤을 지냈다. 아니나 다를까, 그 둘은 밤새도록 긴 이야기를 나눴다. 둘 다 애연가라 아파트 발코니에서 담배를 피우면서. 나는 담배 냄새도 싫고 발코니도 불편했다. 아니, 그 둘이 같이 있는 모습을 보는 것만으로 장이 꼬이는 것 같았다. 이런 속내를 모르는 친구들은 내 표정이 왜 어두운지 걱정했다. 이곳이 지옥 같았다.

머리는 기쁨을 선택하고 싶었지만 마음은 그렇지 못했다. 로스와 그렇게 대화하고 아무리 내가 변하고 싶어도 수십 년간 나를 주도해온 패턴을 바꾸는 게 쉽지 않다는 생각에 더욱 마음이 무거워졌다. 분명 그 변화가 무엇인지 인지하고 있고, 주도적으로 변화를 시도하고 있는데 왜 안 될까. 그래서 더욱 고통스러웠다. 둘을 이해하고 사랑하고 싶지만 아직 내가 안정되어 있지 못했다. 왜 나를 이런 시험에 들게 하는지 로스가 밉고 우주가 미웠다. 안 그래도 로스와 내가 생각하는 관계의 차이로 고민이 많던 참이었다. 이를 계기로 로스와는 좋은 친구가 되기로 마음먹었다. 그래야 괜한 기대를 내려놓고 그를 있는 그대로 받아주고 사랑할 수 있을 것 같았다.

다음 날, 아침에 일어나 로스에게 계획을 바꿔 보카스 델 토로에 가겠다고 말했다. 보카스 델 토로는 파나마시티에서 비행기로 한 시간 걸리는 캐리비언해의 섬이다. 꼭 가보고 싶었지만 함께 갈 사람이 없어 망설이던 곳인데, 혼자 가겠다고 한 것이다. 이런 내 모습에 로스는 놀라면서도 격려해주었다. 평소 같으면 그에게 어디로 가면 될지 필요하지도 않은 허락을 구하며 같이 가자고 설득하고 계획을 짰을 나이기 때문이다. 로스는 전날 밤을 계기로 무언가 바뀐 나의 모습을 인지하고, 나 혼자 시간을 보내며 자신을 다스려보기를 권했다.

보카스 정글 깊숙이, 바다 앞에 있는 캐빈에 숙소를 예약했다. 모두와 떨어져 자연에서 지혜를 구하고 싶었다. 캐빈을 운영하는 커플 외에 사람의 흔적이 보이지 않는 이 섬은 내가 가본 그 어떤 곳보다 아름다웠다. 같은 파나마인데도 태평양 쪽의 베나오와는 분위기가 사뭇 달랐다. 내심 안도하며 이곳에서 마음을 가다듬어본다.

'도대체 사랑과 관련된 패턴은 언제쯤 내려놓을 수 있을까?'

조건 없는 사랑이 나에게도 가능할까? 이런 내 패턴 때문에 연인이 없는 걸까?'

이런 질문을 하다 보니 내 커리어로 생각이 미친다.

'내가 정말 하고 싶은 일은 무엇일까? 지금도 내가 꿈꾸던 일을 하는 것 같은데, 왜 동기부여가 되지 않을까? 내가 지금 간절히 바라는 것은 과연 무엇일까?'

생각을 거듭하던 중 얼마 전 친한 벤처 투자자 에릭이 해준 말이 생각났다.

"인생에서 가장 중요한 투자는 자신에게 하는 베팅이다."

나는 스스로에게 어떤 베팅을 하고 있는지 생각한다. 코칭에 베팅하고 있다. 코칭에 더 집중하기 위해 은행 일도 파트타임으로 전환했다. 내가 좋아하고 잘한다는 피드백을 받는 일이므로 코칭에 시간을 더 투자하는 게 맞다. 코칭에 더 베팅하고 싶은데 돈을 벌기 위해 은행 일을 병행해야 한다. 하지만 은행 일에는 코칭에 투자할 나의 시간과 에너지가 꽤 투여된다. 그렇다면 회사를 그만두고 하고 싶은 코칭에 올인하는 것은 어떨까 생각해보았다. 이렇게 익숙하고 편안한 세상에서 벗어날 생각을 하자, 나를 붙잡고 있는 두 가지 패턴이 드러났다.

첫째는 돈이 부족하다는 '희소성' 패턴이었다. 코칭 비즈니스가 자리잡을 때까지 시간이 걸릴 텐데 회사를 그만두면 생활비는 어떻게 할지 걱정되었다. 둘째, 미지의 세계에 대한 두려움이었다. 항상 회사에 소속된 직원으로 살아서 그런지, 주변에 그렇게 창업하는 사람들이 많은데도 '임애린'이라는 이름을 걸고 나의 코칭 비즈니스를 키우며 독립하는 게 겁났다. 이 두 가지 패턴은 교활한 목소리로 파트타임으로 일하는 건 일석이조라고, 안정된 직장에서 돈도 벌고 남는 시간에 원하는 일도 하는데 왜 굳이 현재를 바꾸려 하냐고 속삭였다. 하지만 내가 원하는 일에 남는 시간이 아닌 내 모든 시간을 투자하고 싶다는 욕망이 마음속에서 꿈틀거렸다. 그래서 나의 패턴을 인지하고 새로운 행동을 모색하기 시작했다.

먼저 나의 희소성 마인드셋이라는 패턴을 **어번던스**(abundance, 풍요성) 마인드셋으로 바꾼다. 직장 생활을 제법 오래 해 모아둔 돈이 있으니 경제활동을 하지 않아도 2년 정도의 생활비는 충당할 수 있다. 희소성은 무언가 충분하지 않거나 없다고 느끼는 상태 또는 느낌이다. 1년에 100억을 벌어도 부족한 것 같고 돈을 더 벌어야 행복한 삶을 살 수 있다고 믿는 게 희소성 사고방식이다. 가져도 가져도 부족한 이러한 사고방식은 두려움과 불안으로 전이된다. 반면 풍요함을 토대로 하는 사고방식은 1년에 1000만 원만 벌어도 돈이 있다는 사실에 감사할 수 있다.

자라면서 어느 순간 '꿈이 무엇인가요?'라는 질문을 하지 않게 된 것도, 꿈과 현실 사이의 괴리가 두렵기 때문이었다. 꿈이 있어도 실현되기 어려우니 부질없는 짓이라며 꿈꾸기를 그만

둔다. 나 역시 꿈과 현실을 생각해본다. 어번던스 마인드셋으로 살아도 재정적 독립은 필요하다. 저렴한 집으로 옮기고 생활비를 줄인다는 가정하에 현실적으로 꿈에 올인할 수 있는 기간은 2년, 그사이 내 코칭 비즈니스가 충분히 성장할 수 있을까? 가능할 것 같다. 2년 후, 정 안 되면 한국에 돌아가 아빠와 생활하거나 다른 일자리를 알아볼 수도 있다. 한 번 사는 인생, 나에게 베팅하고 싶다. 어번던스 마인드셋을 되뇌며 내가 지금 가진 돈은 나의 꿈을 위한 투자자금으로 충분하다고 믿는다.

둘째로 미지의 세계를 두려워하는 패턴 대신 **간절히 원하는 것에 초점을 맞춘다.** 두려운 이유는 앞으로 어떤 일이 일어날지 모르기 때문일 수도 있지만 그만큼 간절하지 않아서일 수도 있다.

살면서 내가 무언가를 간절하게 바랐을 때가 언제인지 기억을 되짚어본다. 고등학교 때 떠난 유학이 가장 먼저 떠올랐다. 나는 고등학교 2학년에 뒤늦게 캐나다로 떠났다. 유학 가자마자 대학 원서를 내야 하는 일정이었다. 다들 외국에서 한 번도 안 살아보고 영어도 서툰 내가 너무 늦게 도전하는 것 아니냐고 걱정했다. 그러나 나는 미국 아이비리그에 입학한다는 것에 아무런 의심이 없었다. 나를 믿었다. 지금 생각하면 그 용기가 어디서 나왔는지 모르겠다. 아마 간절함이 컸을 것이다. 내 몸의 세포 하나하나, 나의 마음, 나의 감정, 나의 모든 것이 미국에 가서 공부하기를 원했다. 물론 남보다 배는 더 노력해야 했다. 항상 가장 늦게까지 공부하고 학교의 모든 활동에 최선을 다했다. 비록 뒤늦게 결심한 유학이지만 나의 간절함에 우주는 내 꿈을 이루어주었다.

브라운대학교 재학 시절, 나는 간절히 뉴욕 투자은행에 취직하길 원했다. 잘 모르긴 하지만 그 삶이 멋져 보였다. 미국 월스트리트에 아는 사람이 한 명도 없어, 동문회 주소록을 찾아 한 명 한 명 연락을 돌렸다. 대학 1학년부터 여름마다 투자은행에서 인턴을 할 수 있었던 것도 그 덕분이다. 영어도 서툴고 금융을 전공하지도 않았으며 외국인이라는 핸디캡이 있기에 누구보다 더 치열하게 일했다. 당시 나의 모든 존재는 월스트리트에 취업하는 데 쓰였다. 덕분에 뉴욕 투자은행인 씨티은행에서 취업 오퍼를 받았다.

이번에는 미국 취업비자 취득이 문제였다. 미국 정부는 매해 8만 5000건의 취업비자를 발행한다. 내가 지원한 해는 그의 두 배가 넘는 16만 3000명이 취업비자를 신청했다. 그래서 무작위 추첨으로 취업비자를 발행했고 운이 따르지 않아 뉴욕이 아닌 홍콩, 일본, 런던 사무소에서 일해야 하는 친구도 꽤 있었다. 나의 간절함을 알았는지 나는 이 추첨도 단번에 되어 바로 취업비자를 받았다. 그렇게 뉴욕 투자은행에서 일하는 나의 꿈이 이루어졌다.

뉴욕을 떠난 이후로는 무엇을 간절히 원해본 적이 없다. 그저 내 앞에 온 기회에 충실했다. 그 삶은 나름대로 재미있었고 남들은 내가 성공했다고 했다. 하지만 마음속으로는 무언가를 끊임없이 갈망했다. 20대에는 사회의 기대에 부응하며 성공하면 행복할 거라 믿고 내가 진정으로 원하는 것이 무엇인지 찾지 않았다. 이제 30대 후반인 나는 내 삶에서 무엇을 원하는지, 무엇을 잘하는지 안다. 그것들을 적어본다.

- 회사나 집단이 아닌 나를 위해 자유롭게 일하고 싶다.
- 내 일을 통해 나의 슈퍼파워를 최대한 개발하고 발휘하고 싶다. 나의 슈퍼파워는 지각 및 공감 능력이므로 코칭이라는 직업은 내게 잘 맞는다.
- 명상하고 생각하고 글을 쓰며 행복을 느낀다. 글을 쓰고 강연을 하며 다른 사람들에게 희망과 용기를 주고 싶다.
- 내가 하는 모든 일과 나의 존재를 통해 우리 사회가 좀 더 조화롭고 평화로워지는 데 기여하고 싶다.

코엘료의 《연금술사》에 나오는 글귀가 떠올랐다. **"자네가 무언가 간절히 원할 때 온 우주는 자네의 소망이 실현되도록 도와준다네.** 인생을 살맛 나게 해주는 건 꿈이 현실이 되리라 믿는 것이지. 꿈을 이루지 못하게 만드는 것은 오직 하나, 실패할지도 모른다는 두려움일세."

코엘료 역시 대학을 졸업한 후 직장 생활을 했다고 한다. 하지만 그도 나처럼 항상 자신의 길은 따로 있다고 믿었다. 그 믿음에 따라 작가가 되어 글을 쓰는 데 전념했고, 그렇게 쓴 책이 세계적 베스트셀러인 《연금술사》다. 그 책을 통해 그는 지금도 많은 이에게 용기와 희망을 준다. 나도 그처럼 나의 길에 도전하고 싶었다.

패턴들을 인식하고 나에게 돈이란 무엇인지 더 구체적으로 생각해본다. 돈이란 곧 제품이나 서비스를 교환하는 에너지다. 이 에너지가 나에게 희소성이 아니라 풍요함으로 들어오려면 나의 모든 존재가 투명하게 정렬되어야 한다. 회사를 다닐 때는 내 존재가 정렬되지 않고 분산되어 있다. 놀고 싶은 마음도 있고 일하기 싫은 마음도 있기 때문이다.

하지만 내가 정말 좋아하는 일을 하면 나의 모든 존재가 내 꿈을 위해 정렬된다. 사회에서 크게 성공했고 돈을 많이 번 사람들을 보아도 그렇다. 그들은 일을 일로 여기지 않고 일을 통해 자신의 슈퍼파워를 발휘하고 사회에 긍정적인 영향을 미친다. 내가 롤모델로 생각하는 오프라 윈프리도 마찬가지다. 흑인에게 가해지는 차별과 어릴 때 당한 성폭행 같은 상처를 딛고 자신의 꿈을 지켜 현실로 만들어왔다. 오늘날 그녀는 자기만의 색깔로 당당히 성공한, 미국에서 손꼽히는 자수성가 부자 가운데 한 명이다. 돈을 좇는 삶이 아니라 자신의 꿈에 자신이 가진 모든 것을 정렬하고 투자하는 삶을 살아온 결과다. 즉 돈이라는 풍요성 에너지는 그렇게 산 결과일 뿐이다. 정해진 공식을 따르거나 남의 것을 부러워하는 대신 자신의 길을 걸어가며 최선을 다할 때 돈이라는 에너지도 돌아온다고 믿는다.

나는 가수 레이디 가가를 참 좋아한다. 흔히 말하는 아름다운 외모는 아니지만 자신의 개성적인 외모를 돋보이게 해주는 독특한 화장과 눈에 띄는 복장을 하고 나와 최고의 쇼를 선사하는 모습이 멋있다. 2020년 영화 〈기생충〉을 통해 비영어권 영화 최초로 아카데미 최우수감독상을 받은 봉준호 감독은 수상 소감으로 이렇게 말했다. "어릴 적 제가 영화를 공부하면서 항상 가슴에 새긴 말이 있습니다. **'가장 개인적인 것이 가장 창의적이다'**라고요. 제가 존경하는 마틴 스코세이지 감독님의 말입니다." 우리가 사는 세상은 나다움을 최고의 역량이자 영향력으로 만들 수 있는 곳이다.

15년 가까이 회사를 다니며 승진과 성공을 이루기 위해 노력해왔다. 하지만 내가 원하는 길이 회사를 통해 사회에 빛이 되는 것은 아니라는 사실을 깨달은 지 오래다. 나 역시, 나의 독특한 창의성을 더 포용하고 개발하고 싶다. 게다가 이제는 그게 어떤 길인지 잘 안다. 이제는 임애린이라는 삶의 캔버스에 자연스레 꿈을 그려보고 싶었다. 이 세상에서 오프라의 롤은 이미 오프라로 채워졌다. 레이디 가가의 롤은 이미 레이디 가가로 채워졌다. 나는 이미 성공한 누구처럼 되는 것이 아니라, 임 애린이라는 개인적인 롤을 가장 창의적으로 채우기로 했다.

결국 은행에 사표를 내기로 결심했다. 희소성 에너지가 아닌 풍요성 에너지로 나를 가득 채우고 나의 꿈에 베팅해보자고 결심한다. 풍요성 마인드셋을 토대로 나는 가진 것이 이미 충분하고, 원하는 것 또한 다 이루어질 것을 믿는다.

이 길이 쉽지 않으리라는 것은 안다. 무엇보다 코로나 팬데믹 상황에서 안정성을 내려놓기까지는 결단에 가까운 결심이 필요했다. 하지만 내 꿈을 구체적으로 그려보고 실현할 것을 구상하니 가슴이 뛰었다. 이렇게 가슴이 뛰는 것은 참 오랜만이다. 흥분되면서도 차분한 감사의 마음이 일었다. 예전 같으면 이런 큰 결정을 내리기 전에 주변에 의견을 묻고 플랜 A, B, C를 만들었을 거다. 하지만 이제는 남들의 의견이 필요치 않다. 나의 길에 확신이 있기 때문이다. 내가 가는 길이 유별날 수도 있고 정답이 있는 것도 아니지만, 나는 나를 믿는다. 그리고 《연금술사》가 말한 우주를 믿는다. 나는 항상 그랬듯 최선을 다할 것이고, 이게 내 길이 맞다면 내가 최선을 다했을 때 우주가 도와줄 것이다. 지금까지 그랬던 것처럼 말이다. 설령 이 길이 아니라 해도 나의 마음이 간절히 원하는 바를 시도하는 것이므로 후회는 없을 것이다.

아마존의 창업자 제프 베이조스는 중요한 결정을 내릴 때 항상 이 질문을 던진다고 한다.

"내가 죽을 때 어떤 결정을 가장 후회할 것인가?"

내가 죽을 때 은행을 더 오래 다녔어야 했다는 후회는 하지 않을 걸 안다. 그 길로 나는 그만두겠다는 이메일을 보냈다. 지난 두 달, 베나오와 로스를 만나며 나의 많은 패턴을 내려놓았다. 그렇게 점점 내가 누군지 알아갔다. 도망치듯 찾아온 보카스에서 나는 새로운 영역의 나를 발견했다. 우주가 지난밤 파티에 토마를 초대한 이유를 이제 알 것 같았다.

서른여덟의 딸, 서른여섯의 아버지를 용서하다
Forgiving Father

친구 윤승이가 브런치에 자기 남편의 패턴에 대해 쓴 글을 우연히 읽었다. 윤승이는 대학 입학과 졸업은 물론 엄마의 장례식에도 와준, 내 인생의 중요한 장면에 늘 함께해준 소중한 친구다. 지금은 보스턴 근교에서 두 아이를 키우며 살고 있다. 친구의 글을 읽고 감동한 나는 곧바로 전화를 건다. 친구가 패턴의 개념을 어디에서 배웠는지, 그동안 내 삶이 얼마나 바뀌었는지, 베나오는 어떤지, 내가 다녀온 보카스가 얼마나 아름다웠는지 조잘조잘 수다 보따리를 풀어놓았다.

"애린아, 난 그렇게 자유롭게 여행 다니는 네가 너무 부럽다. 그런데 너를 오랫동안 지켜보고 아끼는 입장에서 말하자면, 너를 보면 아직도 뭔가를 찾아다니는 것 같아⋯. 로스도 너희 아버지와 비슷한 점이 많은 것 같고. 너 혹시 아버지를 용서했니?"

갑자기 온 세상이 푹 꺼지는 것 같았다. 어떤 진실을 맞닥뜨릴 때면 본능적으로 마음에 울림을 느끼고, 그 진동이 온몸에 퍼진다. 바로 그런 순간이었다.

아빠와 나 사이에는 항상 보이지 않는 벽이 있었다. 내가 열 살 무렵, 외할머니는 내게 아빠가 외도를 했다고 말씀하셨다. 마음에 충격을 준 그 비밀은 곧 아빠와의 관계에 벽이 되었다. 또 엄마가 아팠을 때는 아빠가 더 잘해주지 않는 것 같아 서운하고 원망스러웠다. 지금도 아빠는 내가 하고 싶은 코칭에 대해 알려고 하기보다 파나마는 금융산업이 발달했으니 은행에 취직하는 건 어떻겠냐고 권하신다.

그동안 심리상담을 받으며 랜드마크 같은 프로그램을 통해 아빠와 진솔한 대화를 시도하기도 했고, 명상을 하며 상처받은 나를 안아주려 노력했다. 그 결과 나는 이제 아빠를 용서했다고 믿고 있었다. 하지만 아직 나에게는 해결하지 못한 숙제가 있는 듯했다. 나도 결국 아버지의 딸이다. 아이들은 자라면서 부모를 모방하거나 거부한다. 나는 어떻게 아버지의 행동을 따라 하거나 거부하고 있을까? 내가 미워했던 아버지의 모습과 패턴이 내게도 있을까? 어렵지만 직면해보고 싶어졌다. 하와이에서 썼던 2021년 소망 중 하나는 내가 옳다고 믿어왔던 것들, 나의 신념들을 다시 점검해보는 거였다. 그 덕분에 생각지도 않았던 파나마의 베나오까지 오게 되었고 여기서 집, 사랑, 일, 돈 그리고 우주에 대한 나의 믿음을 시험하며 변화하고 있었다.

한편으로 인간 임애린의 정체성을 구성해온 근본적인 믿음을 다시 들여다보며 진정한 자아를 찾는 과정은 그만 한 가치가 있었지만 무척 힘겨웠다. 빠르게 변하는 과정에서 그동안 맛보지 못한 최대치의 행복을 느끼기도 했고, 최악의 지옥을 경험하기도 했다. 아무리 성장지향적이고 호기심이 많은 나여도 계속 도전하는 것은 버거웠다.

해변에서 바다를 바라보니 파도가 끊임없이 무너지고 있었다. 마치 나의 패턴을 씻어내는 것 같았다. 파도는 나라는 사람을 이루는 근본 위에 자꾸 무너졌다. 어지러웠다. 일어서고 싶었지만 계속 바닷물 아래 모래에 빠져드는 기분이었다. 단단한 바위 위에 앉고 싶지만, 파도에 휩쓸려 정처 없이 떠다니는 느낌이었다. '아버지를 용서했니?'라는 친구의 질문은 오래 사막을 여행하고 돌아온 기진맥진한 낙타의 등 위에 마지막으로 올린 건초더미와 같았다. 그 무게가 더해지는 순간 지친 낙타는 주저앉고 만다.

단단한 땅으로 가서 안정적인 에너지를 얻고 싶다. 내가 잘 아는 도시에 가서 나를 사랑해주는 사람들의 에너지로 지친 나를 보호해주고 싶다. 문명의 혜택을 누리고 맛있는 음식을 먹으며 나를 서포트하고 싶다. 그래서 뉴욕으로 도망치듯 떠났다. 로스와의 관계가 괴로워 보카스로 도망쳤듯, 어떤 어려움이 생기면 이렇게 어디론가 떠나버리는 것이 나의 패턴인지 그때는 미처 몰랐다.

바로 다음 날 뉴욕에 도착해 친구 집에서 신세를 지기로 했다. 친구와 함께 작년 9월에 유대인 새해파티를 하며 최고의 저녁을 보냈던 12 체어스 카페를 다시 찾았다. 레스토랑 매니저 로템은 나를 바로 알아보았다.

"샌프란에서 온 그분 아니에요? 이스라엘의 큰 명절마다 오시네요! 오늘은 패스오버(Passover, 유월절)예요!"

패스오버, 과거 유대인들이 이집트를 탈출해 노예 생활에서 벗어난 '출애굽'을 기념하는 날이다. 나 역시 나의 자유를 찾는 여행 중인데, 듣고 보니 패스오버라는 명절의 의미가 한층 깊이 와닿았다.

후무스와 피타빵을 시키고 친구와 이야기보따리를 풀기 시작한다. 이 친구는 대학을 졸업하자마자 결혼했는데, 지금은 별거를 고민 중이다. 친구와 이야기하며 그녀에게서 우리 아버지를 본다. 친구의 아들을 보며 열 살이었던 나를 만난다. 나는 그때 이미 내가 다 큰 줄 알았지만, 친구 아들을 보니 열 살이 얼마나 어린 나이인지 실감한다. 그때의 나는 어린 나이에 지지 않아야 할 비밀의 짐을 졌다. 짐을 풀어놓을 사람이 주위에 아무도 없었다. 그때 나는 아빠가 가족을 떠나지 않고 부모님이 행복해지려면 내가 더 좋은 딸이 되어야 한다고 믿었다. 내가 할 수 있는 거라고는 열심히 공부해서 부모님의 기대에 부응하는 것뿐이었다. 나약한 모습은 스스로 용납하지 않았기에 결코 울지 않았고, 그런 감정은 사치라 여겼다. 내가 밝아야, 자주 웃어야 우리 가족이 함께할 수 있다고 생각했다.

어린 나를 생각하니 눈물이 났다. 이제 30대 성인인 나는 실컷 울 수 있다. 마음껏 내 감정을 느껴도 될 만큼 안전하기 때문이다. 그래서 내 안에 있는 열 살짜리 애린을 안고 함께 울었다. 내가 열 살이었을 때 아빠는 서른여섯 살이었으니 지금의 나보다 어리다. 내 한 몸도 챙기기 힘든데 젊은 아빠에게는 책임져야 할 가족이 다섯이었다. 그 삶이 어떠했을지 상상해본다. 아빠가 아닌, 인간으로서 그가 궁금해졌다. 그는 서른여섯에 무슨 꿈을 꾸었을까? 어떻게 엄마와 사랑에 빠졌을까? 엄마와의 결혼 생활은 어땠을까? 결혼 생활이 아닌 다른 여자를 통해 사랑을 얻고 싶었던 그 마음은 무엇이었을까? 새삼 내가 아빠에 대해 얼마나 무지한지 깨달았다. 아빠에게도 나름의 사정이 있었을지 모른다는 생각에, 그를 향한 연민이 생겼다. 그러면서 용서의 의미에 대해 생각했다.

심리학자들은 용서란 '나에게 해를 끼친 사람이나 집단에 대한 분개심 혹은 복수의 감정을 풀기 위한 의식적이고 의도적인 결정'이라고 정의한다. 내가 아빠를 용서할 것이 있기는 한가? 잘 모르겠다. '아빠가 엄마에게 아픔을 주어서 나도 오랫동안 상처받았다'고 믿어온 나의 스토리는 존재한다. 코칭에서는 우리가 믿는 '스토리'에 대해 생각해보라고 한다. 스토리는 어떤 일이 일어났을 때 그 일을 바라보는 우리의 생각이 만들어내는 것이기에, 필연적으로 스토리와 진실 간에는 괴리가 생긴다.

가령 내가 정성껏 쓴 리포트를 상사에게 어제 보냈는데 아직까지 회신이 없다. 이때 흔히 '상사는 내가 공들여 쓴 리포트가 마음에 들지 않나? 내가 뭘 잘못한 건가?'라는 스토리를 만들곤 한다. 이 스토리로 근거 없는 근거를 찾아내 나를 괴롭히는 내부 비평가의 목소리에 힘을 실어주고('보고서의 결말을 그렇게 쓰는 게 아니었어, 왜 이런 실수를 했지?'), 그 목소리는 스토리를 더 크게 증폭한다('상사는 내 보고서가 쓰레기라고 생각할 거야. 이것 때문에 퇴사라도 시키면 어쩌지?'). 사실 상사는 아이가 아파서 돌보느라 정신없었던 것인데 말이다. 그래서 **스토리의 진실을 가리려면 상대방과 직접 대화를 해보아야 한다.** 대화할 때에는 스스로 '피해자'라 생각하지 말고 진솔하고 열린 마음으로 호기심을 갖고 상대방 입장에서 이야기를 듣는다.

나도 내가 믿어온 아빠의 스토리를 풀기 위해 아빠와 직접 이야기하고 싶었다. 우리의 오래된 관계가, 나의 믿음으로 형성된 내 패턴이 전화 한 통으로 바뀔 거라는 기대는 없었다. 자식과 부모의 관계란 쉬우면서도 가장 어렵기 마련이다.

나는 38년 동안 내 안에 쌓아온 패턴과 스토리를 놓아줄 준비를 한다. 우선 아빠의 입장을 짐작해본다. 아빠는 당신이 오랫동안 살았던 그 도시에서 30년 넘게 똑같은 일을 하고, 변화 없는 일상을 보내신다. 마흔이 다 되어가는 내가 아빠 눈에는 여전히 어린 딸이자 보호해야 할 존재일 수도 있다. 그러한 나와 인간 대 인간으로 마음을 터놓고 대화한다는 것이, 특히 자신의 실수에 대해 솔직하게 이야기하기가 쉽지 않을 것임을 안다. 이러한 대화 자체가 어색하고 불편할 수 있다.

아빠와 해야 할 어려운 대화를 준비하고자 명상을 한다. 내가 아빠를 용서하지 않음으로써 스스로 세운 마음의 장벽과 스스로 짊어진 어려운 감정을 느낀다. 마음을 닫고 있으면 고통스럽다. 나의 마음을 열기 위해 부드럽게 숨을 내쉬며, 들이마신 공기를 내 마음으로부터 내보낸다. 그렇게 나를 어루만진다. 열 살 때 내 모습을 기억하고, 내가 아빠에게 알게 모르게 상처받은 기억을 떠올린다. 나는 이 고통을 너무 오랫동안 나만의 비밀로, 아무에게도 말하지 못한 채 마음에 품고 있었다.

그리고 아빠의 성장 과정도 상상해본다. 내가 태어나기도 전에 돌아가셨던 아빠의 부모님은 어떤 분이셨을까. 아빠는 그분들에게 어떤 사랑을 받았을까? 나는 30대에 엄마를 잃고 힘들어했는데 나보다 더 어린 나이에 부모님을 여읜 아빠는 얼마나 힘들고 괴로웠을까. 스스로 계속 되새긴다. "**나는 모두 용서합니다.**" 아빠도 자라면서 배운 패턴과 두려움, 고통, 혼란, 분노 때문에 나에게 의도치 않은 상처를 주었을 것이다. 내가 상처받았다는 사실조차 모를 수도 있다. 당신 앞에서 나는 항상 밝고 자기 할 일을 잘하는 꿋꿋한 큰딸이었으니까. 이제 아빠를 용서할 준비가 되었다. 이제 내가 만든 스토리에서 자유로울 준비가 되어 있다.

나아가 나는 아빠를 미워한 **나 자신도 용서한다.** 좀 더 일찍 용서하지 못한 나를 용서한다. 무의식중에 나의 생각, 말, 행동으로 스스로를 미워하거나 방치했다. 눈을 감고 호흡을 하며 내 소중한 몸과 생명을 느낀다. 아빠와 가족에게 받은 상처로 스스로에게 해를 끼친 과거를 생각한다. 짊어진 슬픔을 느끼며, 나는 이제 이 짐을 풀 시간이 되었음을 안다. 아빠를 용서하고 나를 용서한다. 나 자신을 용서한다는 말을 몇 번이고 되뇐다. 아빠가 어떤 반응을 보이든, 아빠의 있는 그대로를 받아들이고 이해할 준비가 되었을 때 카톡을 보냈다.

"아빠, 저는 아빠가 어떤 생각을 하며 살아왔는지 더 알고 싶어요. 우리 언제 편하게 인간 대 인간으로 대화해봐요."

그렇게 우리는 허심탄회하게 이야기를 나누었다. 마음의 준비를 하고 시도한 대화였지만 말을 꺼낸 나도 어색하고 어려웠다. 그래도 묻고 싶은 질문은 다 했다. 아빠는 의외로 담담하게 대답해주셨다. 아빠는 내가 열 살 때, 당신의 30대를 바쁘게 사느라 정신없었다고 했다. 일하고 우리를 키우느라 외도할 시간도 없었다고 하신다. 무엇 때문인지 기억나지는 않지만 부부싸움이 있었던 것을 외할머니가 잘못 아신 것 같다고 하셨다. 순간, 멍했다. 내가 27년 동안 믿었던 스토리, 나라는 사람의 궤도를 바꾸어놓은 그 스토리가 사실이 아니라니. 누구에게 말도 못 하고 끙끙 앓았던 시간이, 그 스토리에 얽매여 살았던 사실이 허무해 웃음이 났다. 오랫동안 몸 한쪽을 막아둔 무언가가 증발해버린 것 같았다.

한편 이런 게 인생인가 싶다. 아빠의 말이 진실이건 아니건 그건 중요치 않았다. 이렇게 내 마음이 치유되고, 이제 아빠와 새로운 관계를 맺고 싶은 상태가 되었음은 부인할 수 없는 진실이니까. 그리고 나에게는 열 살 때의 일이 아니라 지금 이 순간이 중요하다. 오늘의 임애린은 그런 아빠를 이해하고 용납하고 용서한다. 아니, 진솔한 대화를 하고 나니 아빠를 용서하고 말고 할 것도 없다. 피는 물보다 진하다고 우리는 그렇게 서로를 받아들였다.

아빠와 통화하며 자연스레 나도 어릴 적 기억을 꺼내놓는다. 아빠는 아침 식사마다 조기 살을 발라 가장 통통한 부위를 내 밥 위에 올려주셨다. 식사 후 미인은 사과를 먹는다며 사과를 예쁘게 깎아주셨다. 전날 아무리 늦게 퇴근해도 아침마다 내 교복을 빳빳하게 다려주셔서 나는 학교에서 교복을 가장 깔끔하게 입었다. 학원에서 늦게 돌아오는 나를 한 번도 귀찮아하지 않으시고 데리러 오셨다. 어른이 되어 한국에 출장을 갈 때에도 마찬가지였다. 중요한 일을 하러 오는 딸이 편해야 한다며 언제 도착하든 공항으로 마중 나오신다. 내가 한국에서 행사 진행을 맡을 때면 딸이 자랑스럽다며 친구 분들을 대동하고 참석하셨다. 지금도 한국에서 처리할 일들을 부탁하면 싫은 내색 없이 바로바로 해주시는 아빠다.

그게 바로 아빠의 사랑이었다. 나에 대한 사랑을 말로 표현해준 엄마를 닮아 나는 '사랑한다'는 말을 듣는 것이 좋았고 그게 사랑이라 믿었다. 한 번도 그런 말을 해주지 않은 아빠가 서운하기도 했다. 하지만 아빠는 언제나 아빠의 모습으로 그 자리에 계셨다. 내가 미처 몰랐을 뿐. 아빠와 엄마의 결혼 생활은 그 두 분의 관계고, 그것이 어찌되었건 아빠는 항상 나를 아끼고 사랑하셨다. 아빠는 아빠가 할 수 있는 최선을 다했다.

물론 이 전화 한 통으로 아빠와 새로운 관계를 발전시켜간다는 것은 무리다. 이것은 완결이 아닌 여정의 시작일 뿐이다.

우리의 인생이 처음과 끝만 있는 것이 아니듯, 아빠와의 관계도 여정 자체가 목적이 된다. 이제 막 여정의 첫발을 내디뎠다. 로스가 내 삶에 들어온 목적이 무엇인지 비로소 알 것 같았다. 아빠를 떠오르게 하는 그를 통해 나는 무의식적으로 아빠에게 받은 상처를 치유하고 싶었는지도 모른다. 로스는 내게 연인이 아닌, 아빠와의 관계를 치유하게 한 힐러였다.

매직 플로 레슨
Flow and Anchor

셀리나 호텔에 있는 코워킹 공간은 베나오에서 인터넷이 가장 잘 터지는 곳이다. 덕분에 이곳은 내 일상의 구심점이 되었다. 아침에 일어나서 요가를 한 후 출근하듯 코워킹 공간에 가 책을 읽거나 일을 한다. 그러던 어느 날 나에게 누군가 말을 걸었다. 제사냐다. 스물다섯 살인 그녀는 뉴욕에서 연기를 전공한 요가 선생님으로 베나오에 1년째 머무르고 있다.

"애린, 너도 요가 지도자 자격증 있다고 했지? 언제 한번 가르쳐보는 건 어때?"

미미 선생님의 이야기가 기억났다. 누군가 요가를 가르쳐달라고 하면 응답하라는 것. 그래서 나의 쿼드리니티에 물어본다. 감정적 자아는 망설인다. 아직 한 번도 가르쳐본 적이 없어서다. 지성 파트는 충분히 할 수 있다고 믿는다. 육체는 요즘 살이 좀 찌긴 했지만 요가 동작을 하는 데에는 아무런 문제가 없다고 응답한다. 오히려 요가를 가르치면서 좋은 에너지를 얻을 수 있을 것 같았다. 마지막으로 스피리추얼 셀프의 목소리를 듣는다. 다른 사람들을 가르친다는 것은 나의 사랑과 에너지를 나누어준다는 뜻이다. 내 안의 나는 타인에게 기여할 준비가 되어 있다. "응, 할게!(Yes, I'm in)."

일정을 정하기 위해 캘린더를 보니 2주 후면 내 생일이다. 그래서 나의 생일이자 우리 엄마의 생신인 4월 27일에 첫 요가 클래스를 열어보기로 했다. 이름은 '매직 플로 요가'라 지었다. 요가 선생님으로 데뷔하는 날이 생일이라니, 마법처럼 플로하는 시간으로 구성하고 싶다.

이렇게 생각하니 좀 더 욕심이 난다. 요가 클래스뿐 아니라 웰빙 리트리트를 꾸려보고 싶다. 미래에 내가 해보고 싶은 일과도 무관하지 않은 영역이다. 내 생일을 축하해주러 미국에서 에디를 비롯한 절친 8명이 베나오에 오기로 되어 있다. 친구들을 실험용 기니피그 삼아(!) 나의 첫 웰빙 리트리트를 해보면 어떨까. 친한 친구들이니 나의 실험정신을 높이 사 실수를 해도 너그러이 봐줄 것 같다.

멀리서 오는 친구들이니 스트레칭을 많이 하는 요가 클래스를 시작으로 그들의 지친 마음을 달래고 여독을 풀어주고 싶다. 그뿐 아니라 진솔한 대화 시간을 마련해 마음속 깊은 이야기를 나누어보고 싶다. 해질 녘 서핑보드를 가지고 바다로 나가 서로 감사의 마음을 전하는 서클을 만든다. 저녁에는 베나오의 유명 셰프에게 프라이빗 다이닝을 부탁한다. 마침 이번 생일에는 슈퍼핑크 보름달이 뜬다고 했다. 캠프파이어를 가운데 두고 강강술래하듯 손을 잡고 달을 보며 다 같이 소원을 빌어본다. 각자의 소원을 이루는 데 서로가 어떤 도움을 줄 수 있을지도 조곤조곤 이야기를 나눠본다. 상상만 해도 재미있고 의미 있는 하루가 될 것 같다.

내가 누군가의 초대로 파나마에 와서 베나오의 매직을 경험한 것처럼, 나의 생일 리트리트에 참석하는 고마운 친구들도 마법 같은 시간을 보냈으면 하는 바람으로 구체적인 계획을 세우기 시작한다. 리트리트 이름을 무엇으로 할까? 심플하게 'reTREAT'라고 하면 어떨까? 코로나로 모두가 힘들어하는 요즘, 사람들과의 연결, 놀이, 자연 등으로 자신을 아끼고 대접하며treat 한턱내라는 의미다. 신이 나서 구글 문서로 일정을 짜고 커뮤니티에 돌릴 포스터를 제작하고 베나오 동네 친구들에게 도움을 청했다. 이 모임에 멀리서 오는 친구들 외에 베나오 친구들도 초대한다. 나의 삶에 들어와 영향을 미친 모든 이에게 내 생일을 계기로 사랑과 감사를 전하고 싶었다.

이와 별개로 요가 클래스는 모범생답게 열심히 준비했다. 어떤 만트라로 시작하고, 그다음 동작은 무엇으로 할지, 어떤 호흡을 할지 다 써본다. 어떤 요가복을 입을지 전날 속옷까지 정성스레 챙겨두었다. 예전 같으면 잘하고 싶은 마음에, 혹은 틀릴까 봐 노트를 봐가면서 준비한 시퀀스를 진행했을 테지만 이제는 그러지 않는다. 15년 넘게 요가를 해와서 알 만큼 안다. 설령 틀리면 어떤가, 친한 친구들인데. 웃으면서 다른 동작으로 부드럽게 넘어가면 된다. 그래서 수업 내내 스크립트를 적어둔 노트는 접어두고 요가 매트 위에 있는 친구들의 에너지를 감각하며 그들에게 지금 가장 필요한 것이 무엇인지에 집중한다.

첫 수업은 성공적이었다. 제사냐는 내 매직 플로 요가 클래스가 '스위트했다'며 앞으로 매주 해달라고 한다. 수업을 하기 전에는 친구들을 위해 선물을 준비했다고 생각했지만, 오히려 내가 응원과 사랑을 받았다. 이를 계기로 일주일에 두 번씩 요가를 가르치기 시작했다.

요가로 시작한 나의 'reTREAT'는 예상했던 것보다 더 재미있고 충실했으며, 웃음과 서프라이즈가 가득했다. 계획을 세우기는 했지만 플로를 잊지 않았다. 예전처럼 스케줄에 연연하지 않고 자연스레 흘러가는 시간을 즐겼다. 샌프란시스코에서 온 버닝맨 캠프 리더인 릭은 언제 이렇게 '플로 애린'이 되었느냐고 놀렸다. 달라진 나의 모습이 좋아 보인다고 했다. 나도 내가 언제 그렇게 변했는지 기특하다.

생일 저녁에는 보름달파티를 열었다. 정글 언덕에서 보름달을 보며 친구의 디제잉 음악에 몸을 맡긴 채 춤을 추며 새벽 3시까지 신나게 놀았다. 그러고는 애프터파티를 어디서 할까 고민했다. 이 시간에 깨어 있는 사람을 한 명 안다. 로스다. 우리는 로스의 집에 예고 없이 쳐들어갔다. 친구 한 명이 가져온 타로를 읽어주기 시작했다. 나도 생일맞이 타로를 뽑았다. 'The Universe', 우주 카드가 나왔다.

"우주 카드는 당신이 영적으로 충만한soulful 여행의 정점에 있을 때 나옵니다. 지금까지 쌓아온 인생의 디딤돌을 통해 도달한 찬란한 완성의 시간입니다. 당신은 열심히 살았습니다. 이제는 당신의 모든 성취를 돌아보고 축하하고 기뻐할 시간입니다. 이것은 육체적 필요와 한계를 넘어 당신의 마음에 양분을 공급하는 궁극적인 성공이자 영적 성취입니다. 더욱이 앞으로 훨씬 더 깊어질 거예요. 당신은 더 현명해지고, 더 부드러워지고, 깨어 있는 사람이 될 겁니다. 당신은 시련과 고난을 통해 회복하는 법과 성장하는 법을 배웠어요. 지금 당신은 삶을 만들어가는 파워풀한 공동 제작자가 되었습니다. 이 역동적인 에너지가 당신의 자신감을 채우고, 당신의 미래는 반짝이는 가능성으로 가득합니다. 앞으로 신나는 일이 많이 펼쳐질 거예요."

변화한 내 모습을 본 친구들은 카드의 메시지가 딱 맞다고 탄성을 질렀다. 로스가 말을 보탰다.

"생일 축하해 카파라(히브리어로 가까운 사람을 부를 때 쓰는 표현), 네가 원하는 많은 것들이 다 이루어지길 기원해. 너의 변화를 가까이서 지켜본 증인으로 나는 네가 영적으로, 정신적으로, 육체적으로, 감정적으로 추구하는 모든 것을 달성하기 위한 로켓선을 타고 있다는 걸 알아. 네 삶을 바라보는 평정한 관찰자가 되어 앞으로 네 인생에 어떤 일이 일어나든 평안하길 바란다. 사랑하는 나의 한국 외계인, 그렇게 너의 내면으로 아름답게 여행하길."

어느덧 아침 6시가 넘은 시각, 창밖으로 아침을 밝히는 해가 떠오르고 있었다. 조이의 노랫소리가 들렸다. 나의 꿈 안에 충만하게 유영했던 생일 리트리트가 이렇게 마무리되었다.

작년 말 새해맞이 모임으로 베나오에 처음 왔을 때, 이유는 알 수 없지만 베나오에 다시 와야 한다는 소명이 생겼다. 그래서 앞뒤 재지 않고 무작정 돌아왔다. 나의 직감은 맞았다. 베나오에서 지내는 동안 사랑, 관계, 일, 집, 돈에 대한 나의 근본적인 믿음들이 바뀌었다. 나의 타이틀도 달라졌다. 나는 이제 뱅커가 아닌 전업 코치이자 요가 선생님이다. 베나오에서 하고 싶은 일에 대한 확신을 얻었고 풍요성 마인드셋을 포용해 내 꿈에 더욱 진솔해졌다. 어렵고 혼란스러운 시작 단계를 이겨내고 내 인생에서 가장 값지고 강력한 성장을 이뤘다. 이렇게 나는 베나오에서 진정한 나를 만났다.

베나오에서의 시간을 정리하며 나의 관계를 되짚어보았다. 먼저 미국에서 내가 맺고 있는 관계에 대해 생각해본다. 내가 맺은 관계는 나를 중심으로 한 다른 크기의 원들로 구성된다. 나와 가장 가까운 원 안에는 에디, 릭, 다운 언니, 경현이처럼 가장 가까운 친구들이 있다. 나는 그들과 거의 매일 소통하고 많은 것을 공유하고 서로 배려한다. 다들 바쁘기에 언제 어디서 볼지 미리 약속을 정하고, 만나면 언제 돌아갈지 등에 대한 암묵적 약속이 존재한다.

그 바깥 원은 '그냥 친구들'이다. 같은 학교를 나왔거나 일을 함께한 사이다. 누군가의 생일파티 같은 곳에서 만나면 반갑게 인사하고, 의례적인 이야기를 나눈다. 마지막 큰 원은 '아는 사람들'이다. 단골 레스토랑에서 내 주문을 받는 웨이터, 늘 가는 카페에서 커피를 내려주는 바리스타, 출근길에 만나는 버스 기사님, 아파트 경비 아저씨, 일상에서 자주 마주치는 사람들이다. 그들과의 관계는 사회에서 정해진 역할을 따른다. 버스 기사님은 버스 기사일 뿐 함께 커피를 마시지는 않는다. 바리스타를 내가 가는 생일파티에 초대하지는 않는다. 물론 인간적으로 존중하고 친절하게 대하고 더러는 친구가 될 수도 있다. 하지만 마지막 원에 있는 사람들과의 관계는 대개 각자의 역할에 따른 '거래'가 바탕이 된다.

베나오에서는 이 원의 존재가 흐릿하다. 우선 가장 친한 친구라도 굳이 만날 약속을 따로 잡을 필요가 없다. 로스나 제사냐를 만나면 언제 집에 가야겠다는 기준선이 없다. 대화하다 보면 밤을 새울 수도 있다. 이 작은 마을에는 식당이 5개뿐이라 어디를 가든 아는 사람을 만나게 된다. 우연히 만나는 친구들과도 시간이나 장소를 정해놓지 않고 교류한다.

일하러 셀리나 코워킹 공간에 가면 친구들이 바로 보인다. 저기에 큰 키에 삭발을 한, 녹색 눈의 벨기에 출신 로렌조가 일하고 있다. 자기 회사를 매각하고 아내와 두 아이를 데리고 여행 중인 그는 해질 녘에는 항상 자기 집에서 와인 한잔하라고 초대한다. 마크도 보인다. 저녁이면 바텐더로 일하는 마크는 내 복싱 파트너이기도 하다. 그가 읽는 책은 마침 나도 좋아해서 잠시 책에 대해 이야기를 나눈다. 그런 다음 나는 레티시아 옆에 앉는다. 레티시아는 셀리나 호텔의 마케팅 담당 임원이다.

몇 시간 지나 우리 둘은 배가 고파 해변 레스토랑에 간다. 어제 저녁에도 봤는데 또 그렇게 수다를 떤다. 그 후 레티시아는 미팅을 하러 가고 나는 다시 바다로 간다. 셀리나의 서핑숍에 가니 서핑 선생님인 이스라엘 출신의 지지가 있다. 같이 나가 파도를 타고 돌아온다. 서핑을 다녀오니 바텐더로 변신한 마크가 벌써 내가 좋아하는 파파야 스무디를 만들어놓았다. 저녁에는 무슨 이스라엘 연휴라고 지지가 초대해서 로렌조, 레티시아, 마크와 같이 간다. 마크는 자기 일터의 임원인 레티시아와 친구처럼 허물없이 농담을 나눈다.

이처럼 베나오에서는 어느 나라에서 왔는지, 무슨 언어를 쓰는지, 무슨 일을 하고 직급이 무엇인지, 돈을 얼마나 버는지, 어떤 학교를 나왔는지 등을 아무도 신경쓰지 않는다. 아예 궁금해하지도 않는다. 이곳에서 사람들의 만남이란 있는 그대로 상대를 받아들이며 서로에게 속하는 순간이기 때문이다. 이곳에는 거래를 바탕으로 하는 관계가 존재하지 않는다. 나는 베나오의 커뮤니티를 통해 **인간 대 인간으로 서로를 대하는 법**, 극히 단순하게 흐름에 몸을 맡기며 사는 방식, 그리고 서로를 위해 주는 정을 배웠다.

베나오 커뮤니티는 자신에게 맞는 의식적인 삶을 사는 사람이 많았다. 모든 국민이 군대에 가야 하는 이스라엘의 제도에 반발한 사람들이 개발한 곳이어서 그런지, 공동체라면 생기기 마련인 '어떻게 해야 한다'는 기대감이나 목소리에도 민감하게 반응한다. 그래서인지 이곳에 오는 사람들은 참 자유분방하게, 자기만의 색깔로 살아간다.

요가를 하면서 친해진 에티는 이스라엘 출신의 40대 싱글맘으로 열세 살, 열여덟 살의 딸을 두고 있다. 지난 20년간 파나마시티에서 살았는데, 코로나가 터지자 자연을 찾아 베나오로 왔다고 했다. 아이들 교육 때문에 다시 도시로 돌아가야 하는 것 아니냐고 물어보니, 홈스쿨로 가능하다고 한다. 그녀의 아이들은 베나오에서 말을 타고, 폭포로 하이킹을 다니고, 서핑을 한다. 바다 읽는 법을 배우며 파도로부터 지혜를 얻고, 소나비로 거세진 폭포를 보며 지구 환경에 대해 배우고, 친구들과 정글을 탐험하며 의사소통법을 익힌다. 그녀의 아이들은 이런 배움을 더 좋아한다.

에티의 큰딸 미아는 요리하는 것을 무척 좋아하는데, 에티는 그런 딸의 적성과 취미를 존중해 바닷가에 비건 요리를 파는 '비건 쉡'이란 가게를 차려주었다. 신이 난 미아는 다양한 재료를 실험하며 스무디 레시피를 직접 개발하고는 밀레니얼 세대답게 센스 있는 이름을 붙였다. 항산화 성분이 풍부해 노화 방지에 좋다는 아사이 가루와 파인애플 주스, 파슬리, 생강을 코코넛밀크에 넣고 얼음과 간 스무디는 나의 단골 메뉴다.

미아는 아침에 일어나 엄마와 요가를 한 다음 채소가게에 가서 그날 쓸 채소와 과일을 산다. 세상 곳곳에서 온 손님을 상대하며 그들이 맛본 다른 세상의 스무디에 대해서도 귀 기울여 듣는다. 아무리 손님이 많아도 모든 스무디에 블루베리와 아몬드 조각을 하나하나 올려주며 정성을 다한다. 그러다 석양이 기우는 오후 5시경이 되면 가게를 닫고 서핑을 하러 간다. 아무리 좋아하는 일이라도 취미 생활을 위해 정확한 선을 그어두는 것이다. 영어, 스페인어, 히브리어 3개 국어를 구사하는 그녀는 자연과 더불어 살아서 그런지 생각이 깊다. 내가 읽는 철학 책과 심리학 책도 즐겨 읽지만 입시를 위한 공부는 하지 않는다. 세상에 나가 견문을 넓히고 싶어 언젠가는 파나마를 떠나 요리 전문학교에 들어가고 싶지만 지금은 현재 생활에 만족한단다. 에티는 이런 딸의 결정을 전적으로 지지해준다.

문득 나의 열여덟 살은 어땠는지 떠올려보았다. 좋은 대학에 입학하는 것이 내 인생의 전부였다. 대학을 가지 않는다는 것은 상상도 못했고 원하는 학교에 들어가지 못해 1년이라도 늦어지면 큰일 나는 줄 알았다. 그래서 하루 10시간 넘게 책상 앞에 앉아 수학 문제를 풀고 영어 단어를 외웠다. 공부 이외의 것은 사치고, 하고 싶은 것들은 대학에 간 다음 하면 된다고 생각했다. 물론 어떤 삶이 더 옳다고 단언할 수 없고, 전적으로 개인의 성향이나 추구하는 가치에 따라 결정할 문제다. 다만 나에게도 다른 선택지가 있었으면 어땠을지 상상해본다. 자연과 더불어 사는 삶, 직업으로 사회적 지위를 판단하지 않는 삶, 내 인생에 대해 스스로 결정할 수 있는 시간이 더 일찍 왔더라면 어땠을지 궁금하다.

그렇다고 베나오가 천국이라는 것은 결코 아니다. 이곳도 사람 사는 곳인 데다 작은 공동체라 소문과 파벌이 존재한다. 서로 오해도 하고, 때로는 난리법석에 가까운 소동이 일어나기도 한다. 차이가 있다면, **오해가 생겼을 때 이곳 사람들은 자기 잘못**

을 돌아본다는 것이다. 그리고 상대에게 내면을 들여다보라고 충고해준다. 무엇보다 대화로 해결하려 한다. 아주 작은 비치 타운이다 보니 대화로 풀지 않으면 서로 불편해지기 때문인지도 모른다. 마치 서로 얽히고설켜 오해도 하고 상처도 주지만 사람 냄새 나는 특유의 끈끈함 덕분에 미워할 수 없는 대가족을 보는 듯하다.

나에게 가족과 집이란 참 정의하기 어려운 단어였다. 유학을 온 후로는 가족과 1년에 2주 이상 시간을 보내본 적이 없고, 엄마가 돌아가신 뒤로는 더욱 뜸해졌다. 힘들 때마다 '집'에 가고 싶었지만 그곳이 어디인지 모호했다. 내가 좋아하는 작가 브레네 브라운-Brene Brown은 **"내가 어디에 있든, 누구와 있든, 내가 나를 배신하지 않는 한 나는 어디에나 속해 있다"**고 했다. 그의 말처럼, 베나오에서 나의 욕구를 배신하지 않음으로써 내가 원하는 사람이 될 수 있었다. 그래서 베나오에서는 항상 속해 있다는 소속감을 느꼈다. 베나오의 누군가가 나의 가족이 되었기 때문이 아니라, 스스로를 사랑하고 아끼는 마음이 되어 내가 편안해졌기 때문이다. 나는 이제 더이상 집이나 가족을 어떠한 의미로 규정할 필요를 느끼지 않는다.

가족을 '나와 혈연관계에 있는 사람'으로 정의하지 않는다고 해서, 가족에게서 느끼는 따뜻함마저 부인하는 것은 아니다. 나는 그런 정과 따스함을 베나오의 커뮤니티에서 느낀다. 해변

식당에 가면 단골이라며 샐러드 한 접시를 더 가져다준다. 베나오의 중심에는 큰길이 하나 있는데, 이 길을 지날 때는 여기저기서 "애린 요가 선생님, 안녕!" 하고 인사해준다. 셀리나 서핑숍에는 나의 히브리어 별명인 '카파라'라고 이름 지은 보드가 있다. 서핑 선생님 지지가 나에게 지어달라고 해서 붙인 이름이다. 에티는 안식일인 샤바트Shabbat가 시작되는 금요일 저녁이면 나를 초대해준다. 나의 집주인인 페라하는 따뜻할 때 먹으라며 갓 구운 빵을 가져다 준다. 엘시티오 바를 운영하는 치초는 문을 닫은 후에도 목마른 나를 위해 냉장고 자물쇠를 풀고 시원한 콜라를 꺼내준다. 피부관리사 루이자는 얼굴 마사지를 받으러 가면 눈썹까지 정돈해주고 발에도 팩을 올려준다. 항상 친언니처럼 신경써주는 그녀의 마음 씀씀이가 고마워 괜히 눈물을 글썽거린다. 이런 소소한 마음 씀에서 내가 그들에게 소속돼 있음을 실감한다.

베나오의 바다는 거울이 되어 내 마음을 그대로 보여준다. 내가 거부하는 것이 많을수록(주로 패턴들 때문에) 이곳의 삶은 그만큼 힘들었다. 처음 이곳에 왔을 때 너무 혼란스러웠던 내가 패턴을 내려놓고 맑아질수록 내 삶이 평안해짐을 경험했다. 6월이 오자, 이제 베나오를 떠나 새로운 것을 만들어갈 시간임을 느낀다. 아무것도 하지 않는 시간을 보내면서, 역설적으로 코치가 되어 무언가 다시 하고 싶은 내 마음 속 뜨거운 열정이 생겼다.

떠나기 전, 마지막으로 셀리나 서핑숍을 찾았다. 힘들 때 나를 안아주었던 서핑이다. 3m 높이의 파도에 휩쓸리면서도 나와 함께 파도를 타고, 레슨 후 같이 맥주 한잔하며 친구가 된 서핑 선생님 지지와 안녕의 포옹을 한다. 그의 숍에서 이스라엘 디자이너가 만든 닻 펜던트는 목걸이를 산다. 이 목걸이를 목에 걸고 베나오에서 배운 소중한 가르침, 이곳에서 받은 사랑, 그리고 유대인들과의 인연을 추억하며, 미래의 나를 앵커한다. 해초가 물의 흐름을 자유롭게 따를 수 있는 이유는 땅에 고정된 뿌리 덕분이다. 그런 해초처럼, 지금까지 배운 레슨이 세상으로 돌아가는 나의 앵커가 되어 더 자유롭고 창의적으로 플로할 수 있기를 꿈꾼다.

4장

나누고 즐기는 삶

SERVE & SAVOR

간절히 원하면 우주가 도와줄 거야

Universe conspires

2021년 3월 베나오

풍요성을 추구하는 마음가짐으로 은행을 그만두었다. 그만 둠으로써 새롭게 생긴 공간에는 힐링이라는 의도를 기반으로 펼쳐질 미래의 가능성이 생겼다.

2021년 4월 6일 뉴욕

이메일을 확인하며 오랜만에 스팸메일함도 열어본다. 쭉 훑 어보며 혹시 내가 놓친 것은 없는지, 확인해야 하는 것은 없는 지 본다. 눈에 띄는 이메일이 있다. 내가 작년 1월에 참석한 호 프먼에서 보내온 메일이다. '선생님을 모집합니다'라는 제목을 바로 클릭해보았다. 지원 마감은 4월 30일이다. 나 같은 사람이 선생님이 될 자격이 있을까, 잠시 생각에 빠진다. 호프먼을 체험했을 당시 나에게 지원해보라고 말해줬던 세이디 선생님의 말씀이 기억났다. 눈을 감은 후 차분하게 나의 길인지 다시 생각해본다. 스피리추얼 셀프가 응원한다. 나의 길이라는 확신이 든다. 지원서를 보니 제출해야 할 영상이 2개, 써야 할 에세이가 4편에 받아야 할 추천서도 2개다. 내일 베나오로 돌아가니 가자마자 원서 준비를 시작해야겠다.

2021년 4월 30일 파나마시티

내 생일을 기념해 친구들과 원 없이 일주일 동안 'reTREAT' 행사를 하면서 즐겼다. 호프먼 지원서에 필요한 영상과 추천서는 준비됐는데 아직 에세이를 못 썼다. 생일이 지난 28일부터 쓰려 했는데, 그날 파티에 와준 친구 한 명이 사고를 당했기 때문이다. 자정쯤 호텔에 돌아가던 길에 괴한 4명에게 납치돼 모르는 장소로 끌려갔다고 한다. 다행히 심문을 당한 후 무사히 돌아왔지만 얼굴을 맞아 피가 났고 옷도 피범벅이 되었다. 콜롬비아 근처에 있는 파나마는 코카인이 많이 유통되고 있으니 아마 마약을 취급하는 카르텔의 소행인 것 같았다. 어린 나이에 돈을 많이 번 친구라 타깃이 되기 쉬웠고, 심지어 처음 겪는 일도 아니라고 했다. 나는 처음 겪은 일이라 예전 같으면 놀라서 어쩔 줄 몰랐겠지만, 훨씬 깊어진 에너지로 차분하게 대처했다. 그의 상처를 치료하고 그가 안전하게 출국하는 것까지 확인하고 나니 순식간에 마감일이었다. 캘리포니아 시간으로 오후 4시, 파나마 시간으로 오후 6시가 접수 마감이었다. 어떤 힘이 솟아났는지 6시간 동안 4편의 에세이를 작성해 마감 10분 전에 가까스로 원서를 보냈다.

2021년 5월 11일 베나오

기쁘게도 호프먼에서 1차 인터뷰 초청을 받았다! 정말 잘하고 싶었다. 셀리나 코워킹 공간에서 하루 종일 인터뷰 준비를 했다. 정말 하고 싶은 일이 생기면 나의 모든 파트, 나의 감정, 생각, 시간, 에너지, 행동을 다 쏟아붓는다. 나의 모든 것을 바친다는 자세로 최선을 다한다. 그래야 어떤 결과가 나오든 미련이 없다. 인터뷰 준비를 하며 나 스스로에게 왜 호프먼 선생님이 되고 싶은지, 내가 준비된 사람인지 물어보았다.

호프먼 선생님이 되고 싶은 이유는 다양한 힐링 프로그램을 경험해본 결과, 호프먼에서 가장 신뢰를 느꼈기 때문이다. 진정한 힐링을 하려면 자아보다 더 큰 '그 무엇'에 대한 믿음, 즉 스피리추얼 레벨과 에고 레벨이 조화를 이루어야 한다. 스피리추얼 레벨의 믿음이 충분하다 해도 에고 레벨의 패턴을 치유하지 않으면, 겉으로는 아무 일 없어 보여도 무의식적으로 깊게 프로그램된 패턴이 나를 이끄는 무거운 삶을 살기 쉽다.

한편 에고 레벨이라는 관점에서 나의 어떤 패턴이 타인에게 상처받는 관계를 만들었는지 파악하고 의식적으로 놓아주기 위해서는, 나 외의 무언가에 대한 스피리추얼 레벨의 믿음이 필요하다. 자신을 돌아보고 바꾸는 것은 무척이나 힘든 과정이라 그만두고 싶을 때가 많은데, 이때 의지가 되는 것이 스피리추얼 레벨의 믿음이다. 호프먼은 나에게 이 두 가지를 구체적으로 가르쳐준 프로그램이었다. 나도 호프먼 선생님이 되어 프로세스에 참가한 한 사람 한 사람을 변화시키고, 그를 통해 이 세상에 영향을 미치고 싶다.

그 외에도 내가 호프먼 선생님이 되고 싶은 현실적인 이유가 있다. 호프먼 선생님이 되면 일주일 단위로 1년에 10~12번 프로세스를 이끈다. 즉 1년에 12주만 호프먼 리트리트 센터에서 일하고 나머지는 전 세계 어디든 내가 있고 싶은 곳에서 일해도 된다. 게다가 앞으로 1년 반 동안 함께 교육받을 미래의 동료들, 혹은 이미 가르치고 있는 선생님들 모두 자신과 타인의 힐링이 중요한 사람들이다. 그런 사람들을 동료로 두고 일하며 지지를 얻는다는 것도 무척 소중한 경험이 될 것이었다. 마지막으로 현재 호프먼의 패컬티는 모두 백인인데, 아시안 여성으로서 호프먼 패컬티에 들어가는 것도 영광이자 의미 있는 일이라 생각한다. 외국인이자 아시안으로서 나는 좀 더 다양한 관점을 제공할 것이고, 백인이 아닌 참가자들도 나를 보며 더 용기를 얻고 마음이 편해지길 바란다.

이에 걸맞게 나는 좋은 호프먼 선생님이 될 거라는 믿음도 있었다. 나의 슈퍼파워는 사람을 이해하고 지각하는 능력이라고 믿는다. 예전에 은행에서 일할 때도 '젠 센터zen center'라 불릴 정도였으니까. 거래 협상을 하는 과정에 폭풍처럼 많은 일이 닥쳐도 나의 슈퍼파워를 발휘해 차분히 대처한 덕분이다. 호프먼 역시 일주일 동안 28명의 참가자들과 지내는 동안 예기치 못한 일이 생길 수 있는데, 그럴 때 차분하게 대처하고 참가자들을 이해하며 그들이 힐링하기 최적의 환경을 만들어주는 데에는 자신 있었다. 마지막으로 가장 중요한 것. 아픔을 경험하고 그것을 통해 성장한 개인으로서, 나는 타인의 아픔을 보듬어줄 준비가 되어 있다.

2021년 5월 24일 베나오

2차 인터뷰 초청을 받았다. 8~10명의 선생님을 뽑는 데 68명이 지원했고, 30명이 2차 인터뷰에 초대받았다고 한다. 2차는 롤플레잉 인터뷰다. 롤플레잉을 어떻게 준비해야 하나 고민하며 다시 셀리나 코워킹 공간으로 들어갔다. 함께 서핑하자는 말도, 스무디 한잔하자는 친구들의 제안도 모두 물리쳤다. 그러다 문득, 열심히 준비하는 것을 넘어 내가 집착하고 있다는 사실을 자각했다. 그래서 해변으로 나가 천천히 걸으며 가만히 생각을 정리했다. 2차 인터뷰는 내가 얼마나 '아는지'를 궁금해하지 않을 거라는 생각이 들었다. 그보다는 나라는 존재being를 더 중시할 것이다. 더구나 롤플레잉이라면 예기치 않은 상황에 내가 어떻게 대처하는지를 보고 싶어 할 테고, 그런 상황에는 정답이 존재하지 않는다. 상황에 맞춰 내면의 지식과 직관에 귀를 기울여야 한다. 그런데 지금 나는 인터뷰에 나올 법한 모든 롤플레잉 사례를 생각해보고 어떻게 해야 할지 준비하며 아등바등하고 있다. 이제 어느 정도 깨어 있다고 생각했는데 이렇게 쉽게 과거의 패턴으로 돌아가다니, 내 모습에 웃음이 나왔다. 패턴을 의식하고 없애는 것을 올해의 꿈으로 삼은 나도 이런데 이곳에 참가하는 이들은 어떨지, 연민의 감정이 생긴다.

이제 코워킹 공간은 그만 가기로 한다. 대신 내면의 지식 및 자각과 소통하는 명상과 요가를 더 하고, 바다에서 지혜를 얻고자 서핑을 나갔다. 이렇게 **내 안의 컵을 채운다**. 내 안의 컵이 채워져야 상황에 적절히 대처하며 타인에게 더 베풀 수 있기 때문이다.

인터뷰 전날은 밤하늘 아래 누워서, 하늘을 바라보며 시간을 보냈다. 별빛을 보며 우주와 대화를 나눴다. 이런 기회를 주어 감사하다고. 내일 잘해보자고.

2021년 6월 4일 멕시코시티

명상 리트리트에 참가하기 위해 멕시코에 도착했다. 비행기가 착륙하고 휴대폰 전원을 켠다. 2차 인터뷰 후 집착하지 않겠다고 다짐했지만 나도 모르게 계속 떨리는 마음으로 이메일을 확인하고 있었다.

"호프먼 선생님 교육 과정에 초대합니다. 축하합니다"라는 이메일이 와 있다. 1년 반 동안 이루어질 호프먼 선생님 교육 과정에는 나를 포함해 총 13명의 예비 선생님이 참가한다. 저마다 다양한 배경을 가진 사람들이다. 공통점이라면, 모두가 자신을 통해 타인의 힐링을 돕고 싶다는 꿈이 있다는 것이다. 그렇게 나는 새로운 커뮤니티를 만났다. 명상 리트리트에 들어가기 바로 전, 우주는 나에게 다음 챕터의 문을 열어주었다. **간절히 원하는 것은 반드시 들어주는 우주다.**

나를 찾고, 나누고, 즐기며
Meditate, Serve, Play

파나마를 떠나 미국으로 돌아가기 전, 지금까지의 배움을 체화하고 정리하는 시간을 갖고 싶었다. 그래서 멕시코 오아하카 주 마준테라는 비치 타운에 있는 히디라야 명상원에 왔다. 파나마와 위도 차이가 크지 않은 이곳 역시 덥고 습한 정글이다. 명상홀 실링팬 아래에 가만히 앉아 있는데도 너무 더워서 땀방울이 줄줄 흘러내렸다.

정글에서 생활한 지 이제 7개월째다. 정글에는 사계절이 없는 대신 우기와 건기가 있다. 내가 생활한 11월부터 5월까지는 건기이고, 5월부터는 우기가 시작되어 비가 많이 내린다. 비가 오니 정글이 달라진다. 말라 있던 계곡이 흙탕물이 넘치도록 힘차게 흐른다. 강한 땡볕에 누런 빛이던 나무들은 지금껏

본 적 없는 화사한 녹색으로 비옥함을 뽐낸다. 비가 내려 땅에 스며드니 더운 햇빛을 피해 땅속에 있던 벌레들이 집에 홍수가 난 것처럼 밖으로 기어나온다. 그렇게 벌레들이 싫었는데 이제는 엄지손가락 크기에 마치 외계생물처럼 생긴 벌레들이 나와도 별로 놀라지 않는다. 명상원은 살생이 금지되어 모기도 죽이지 않으니 평생 물릴 모기를 이곳에서 다 물린 기분이다. 가려운 게 귀찮아 버그 스프레이를 잔뜩 뿌리면 똑똑한 모기들이 귓골 사이같이 안 뿌린 곳만 골라서 문다. 정글 생활로 자연 가까이서 별과 달을 자주 보아서 그런지 오랫동안 불규칙했던 생리주기가 안정되고, 그렇게 심하던 생리통도 없어졌다.

이곳 명상원에서 3주 동안 10일간의 사일런트 리트리트를 하고 두 번의 소마틱somatic 명상 워크숍에 참석한다. '소마'는 그리스어인데 '몸'이라는 뜻이다. 즉 소마틱 명상이란 마음만이 아니라 신체와 함께하는 명상이다. 미국에서는 최근 생물학적, 사회적 요인이 아닌 심리적 요인이 신체 질병의 원인이 될 수 있다는 가설이 과학적으로 입증되고 있다. 쉽게 말해 심신이 연결되어 있다는 얘기다. 이를테면 운전하기 싫어하는 내가 매일 출퇴근 시간에 교통체증에 시달린다고 하자. 이 때문에 스트레스를 받으면 나의 몸은 이 스트레스에 불안이나 우울증으로 반응한다. 그 결과 위궤양에 걸릴 수도 있고, 피로, 두통 등이 발생할 수도 있다. 아무리 건강하게 먹고 운동을 열심히 해도 정서적 스트레스 때문에 몸이 망가지는 것이다. 예전에 로마 선생님으로부터 배운 보디 스캔과 보디 센싱sensing도 연결된 몸과 마음을 인지하는 소마틱 명상법의 일환이다.

내가 참석하는 명상 워크숍 이름은 'Art of Rest(쉼의 예술)'이다. 잘 쉰다는 것은 무엇일까? 우리의 몸과 마음의 집착을 잠재우고, 몸과 마음을 넘어 우리 안의 깊숙한 영적 의식awareness 안에서 쉰다는 것이다. 의식이란 무엇인가? 나는 의식은 자각이자 우리의 본질이라 믿는다. 본질을 찾는 데는 **셀프인쿼리**self-inquiry 명상이 효과적이다. 20세기 가장 잘 알려진 인도의 성자 중 한 명인 라마나 마하르시가 가르친 명상으로, '**나는 누구인가**'라는 의문을 계속해 진정한 나(참자아)를 깨닫는 자아 탐구 과정이다. '나는 누구인가'는 겉으로 보기에는 예전에 내가 진정 원하는 것을 찾아 직업으로 삼으려 할 때 했던 질문과 비슷해 보일 수도 있다. 하지만 셀프인쿼리는 내가 누구인지 묻는 과정을 통해 '나'가 없어지고 그 아래 존재를 힘들이지 않고 인지하게 되는(effortless awareness of being) 과정이다.

'나는 누구인가'라는 질문을 계속하다 보면 '임애린'이라는 나의 이름, 나의 특이할 것 없는 키나 외모, 나의 이력, 나의 마인드를 넘어 더 깊은 무언가를 느끼기 시작한다. 이 '무엇'은 다른 차원이나 에너지장 같은 것을 통해 서로 연결되어 있는 것 같다. 가령 버스를 탔는데 누가 나를 쳐다보는 것을 느낄 때가 있다. 우리는 분명 이만큼 떨어져 있고 나는 창밖을 보고 있는데, 누군가 나를 보고 있다는 것을 나의 '무엇'이 알아차리는 것이다. 이렇게 개개인의 '무엇'들이 연결되어 우리 공동체의 '무엇'이 되고, 이 공동체의 '무엇'은 우주적인 '무엇'과도 연결된다. 나는 이 무엇이 우리의 의식이라고 생각한다. 나의 개인적인 의식은 공동체의 집단의식과 연결되어 있다고 믿는다. 그리고 집단의식은 그보다 더 큰 우주적인 의식과도 연결되어 있고, 심지어 동일할 수도 있다고 생각한다.

우리의 본질이나 의식은 주의를 기울이지 않으면 일상생활에서 경험하기가 쉽지 않다. 우리의 패턴들 때문이다. 생존하고, 사랑받기 위해 생겨난 패턴은 종류도 다양하다. '명문대를 나온 엘리트니 이런 직업을 선택해야 한다'는 식의 정체성에 대한 것부터 '돈 생각만 하면 머리가 아프다'는 식으로 마인드와 몸이 합쳐진 패턴들, 아이들에게 '밥을 남기면 안 된다'고 교육하는 사회적 패턴도 있다. 이런 패턴들 때문에 사람들은 질투, 실망, 분노를 하며 자신의 본질과 더 멀어진다.

모든 패턴은 자신의 믿음에서 비롯된다. 코칭에서는 이 믿음을 **자기 제한적 믿음**self limiting belief이라 부른다. 자기도 모르는 무의식적인 믿음이 자기 세계를 제한하기 때문이다. 예를 들어 명문대를 졸업한 엘리트니 이 정도의 회사를 다녀야 한다는 것은 '명문대 출신은 어때야 한다'는 믿음에서 나오고, 그 믿음 때문에 선택할 수 있는 직업의 영역이 줄어든다. 돈 생각만 하면 머리가 아픈 사람은, 머리가 아프지 않기 위해 돈 이야기를 피한다. 돈으로부터 항상 도망 다니는 삶을 산다. 그런 삶에 즉흥적이고 신비로운 사건이 펼쳐질 수 있을까?

자신에게 잘 맞는 최고의 삶을 살기 위해서는 삶의 에너지를 막는 자기 제한적 믿음을 가까이 관찰하는 과정을 거쳐야 한다. 심리학자 칼 융이 말한 **그림자 작업**shadow work과도 비슷하다. 그림자 작업은 무의식의 그림자 속에 숨겨둔 나의 싫은 모습이나 믿음을 표면으로 끌어내 의식적으로 인지하는 것이다. 빛을 보는 순간 그림자가 없어지는 것처럼 무의식적 믿음을 의식하는 순간 우리를 동여매고 있던 그 믿음은 힘을 잃는다. 무의식의 믿음에서 자유로워지는 것이다.

이곳에서 나도 다양한 패턴을 의식적으로 점검해 자유로워지는 연습을 했다. 나의 패턴이 생각의 형태로 떠오르는 것을 관찰하고 나의 참자아를 탐구해 그 안에서 마음의 평정심과 온화한 에너지를 얻는 쉼의 예술을 연습한다.

명상원에 들어온 지 일주일쯤 지난 저녁, 갑자기 허리가 아파왔다. 하루 종일 앉아 있었으니 스트레칭을 하면 나아질까 했지만 밤새 몸이 쑤셨다. 예전에 선생님께 물어본 적이 있다. 왜 명상을 하려면 불편한 정자세로 움직이지도 않고 오랫동안 앉아 있어야 하는지 말이다. 선생님은 우리의 몸과 마음은 연결되어 있어 신체의 고요함이 정신도 고요하게 만든다고 하셨다. 움직임뿐 아니라 깨끗한 채식 생활로 신체기관의 정화를 꾀한다고도 하셨다. 이런 정화 과정을 통해 우리 안의 의식을 더 깊게 인지할 수 있고 자신 안의 영역을 확장할 수 있다고 한다. 다만 바쁜 현대인이 존재를 정화하고 정적인 고요함에 적응하는 데에는 시간이 걸린다. 해독 과정이라 감기 같은 증상이 나타날 수도 있다. 지금의 이 고통이 나의 정화 과정인가 싶었다.

지금까지 행복이나 즐거움만이 아니라 슬픔, 분노 같은 감정도 있는 그대로 받아들이는 연습을 했으니, **고통을 좋다 나쁘다가 아닌 신체의 감각 중 하나로 생각하며 그대로 관찰**했다. 평소 같았으면 진통제를 바로 삼켰을 텐데 오늘만은 그 고통을 가까이 지켜보고 싶었다. 식은땀이 흥건히 나면서 온 근육이 쑤셔 침대에서 수시로 자세를 바꿔줘야 했다. 온몸의 감각을 집중해 고통을 계속 관찰하다 보니 고통이 몸 안에서 움직여 허리 뒤쪽의 아픔이 등으로 올라오는 게 느껴졌다. 아픈 와중에도 역동적으로 느껴지는 고통이 신비로웠다. 그리 반갑지는 않은 손님이지만 오늘은 따뜻한 목소리로 말을 걸어본다. "이렇게 해서 나에게 어떤 가르침을 주고 싶니? 무슨 이유에서 나를 아프게 하건, 나는 너를 사랑해"라고 속삭이며 계속되는 고통과 그 고통에 아파하는 나의 몸에 사랑의 에너지를 보냈다. 천천히 깊은 호흡을 하며, 반복되는 고통의 다가오고 물러남을 파도를 타듯 그대로 받아들였다.

그렇게 밤새 끙끙 앓고 아침 해가 뜨니 언제 아팠냐는 듯 멀쩡했다. 몸의 정화를 거쳐 더 깊은 레벨의 존재가 된 듯한 기분마저 든다. 상쾌한 공기를 마시기 위해 방에서 나온다. 천천히 걸으며 내 몸 안의 감각을 느낀다. 그토록 뻐근하던 허리가 가볍기만 하다. 비구름 사이로 비치는 햇빛을 맞는 꽃망울이 보였다. 짙은 황록색의 꽃받침이 열리며 그 안에 새하얀 꽃잎이 나오고 있었다. 피어나는 꽃의 생명력과 신비가 몸으로 전해지자 괜히 눈물이 났다. 내 생명도 저런 신비로 이루어졌겠지 하는 생각에 감동이 몰려왔다. 꽃잎이 나오기 바로 전, 꽃받침 조각을 열 때의 긴장이 마치 내가 겪은 고통 같았다. 그런 고통을 거쳐 우리는 각자의 아름다움을 발산하는 존재가 된다. 피어나는 생명의 힘에 감사하며, 그 과정으로 마땅히 겪어야 했던 고통과 밤새 같이한 내 자신이 대견했다.

명상원 생활이 열흘쯤 지나자 생명의 리듬이 나를 타고 흐르는 듯, 아침 6시 동이 틀 무렵이면 내 눈도 떠진다. 매일 아침, 우주가 나를 통해 이루고 싶은 무한한 가능성을 안고 기상한다. 마음이 맑고 또렷하다. 몸은 깃털같이 가볍고 고요하다. 명상홀로 향하는 내 발걸음은 부드럽고 조용하다.

그날 나는 진행한 명상 중 가장 깊은 '무'의 경험을 한다. '나는 누구인가'를 탐구하며 깊숙한 **내적 지식**inner knowing을 만난다. 삶의 에너지가 내 존재 전체를 자유롭게 흐른다. 내 존재는 있으되 '나'는 더이상 존재하지 않는다. 나의 몸과 자아의 구분이 흐려지더니 이내 사라진다. **이 공간은 신성하고, 황홀하며, 영적이다.** 즐거움을 갈구하지 않지만 즐겁고 평화롭다. 믿을 수 없을 만큼의 축복이자 자유며 기쁨이다. 은혜로움과 지혜로움이 내 안에 하나가 되어 완전한 서렌더를 가능케 한다. 나의 본질은 광활한 우주 에너지와 연결되어 있어 우주에 의지함으로 답을 구한다. 나는 곧 우주이고, 우주가 곧 나이므로. 우주는 내가 알지 못했던 그전부터 나를 도와주고 있었다. 내가 붙잡고 있던 패턴 때문에 흐릿했던 우주의 사인이 이제는 더 선명하게 보인다. 내가 정화하고 명상하고 믿기 때문이다.

나는 이제 힐러가 될 준비가 되었다. 아니, 나는 예전부터 힐러였음을 인지한다. 그리고 **나의 삶에서 내가 꿈꾸는 모든 것이 가능하다. 내가 원하고 바라는 모든 것은 바로 우주가 나를 통해 이루고자 하는 것이기 때문이다. 나라는 생명을 통해 우주는 자신의 신비를 실현한다.**

그 순간 메시지가 들린다. 마치 우주가 내가 어떤 인생을 살기 바라는지 속삭이는 것 같다. 그 목소리를 통해 나는 사명선언서를 주욱 써 내려간다.

임애린의 사명선언서 : 나를 찾고, 나누고, 즐기며

나를 찾고 : 더 깊은 영적 성장을 추구한다. 눈을 감고 앉아 있는 것만이 아니라 내 인생 자체가 기나긴 명상이다. 명상을 통해 나를 찾고 나를 통해 흐르는 우주의 에너지를 경험한다. 이 에너지를 통해 우리는 모두가 하나의 에너지로 연결된 존재라 믿는다. 매일 명상을 통해 나의 진동수를 높이고 우주의 무한한 지혜와 소통한다.

나누고 : 명상을 통해 우리 모두가 연결되어 있음을 깨달으니 나에게는 나만이 아닌 우리 인류의 웰빙이 중요하다. 인류의 웰빙을 위해 내 삶의 이야기를 공유하고 내가 배운 것을 나눈다. 이를 통해 우리 인류의 공동 진동수를 높여 깨어 있는 의식사회가 되는 데 기여한다.

즐기며 : 인간으로 태어나 산다는 것은 대단한 특권이다. 오래 살아야 100년, 그 시간 동안 인간이 누릴 수 있는 즐거움을 경험한다. 즐기는 것은 놀이이자 자발적인 기쁨이며 재충전의 기회다. 춤추고, 노래하고, 맛있는 음식을 먹고, 좋은 사람들과 깊은 관계를 이어간다.

이 사명신인서는 올해 초, 요가 선생님 자격증 리트리트에서 머리를 쥐어짤 때와는 달리 순식간에 완성되었다. 지금은 나에게 무엇이 중요하고, 어떤 삶을 살 것이며, 어떻게 우리 사회에 일조할지가 분명하기 때문이다. 그런 나의 진심을 진솔하게 써 나간 거라 잘 맞는 옷을 입은 듯, 나 스스로 편안했다.

밤하늘 저기에 초승달이 떠 있다고 알려주는 방법은 여러 가지다. 손가락으로 달을 가리킬 수도 있고, 달과 지구와의 거리를 계산해 보여줄 수도 있다. 우주의 진실을 발견하는 방법에도 여러 가지가 있다. 나는 명상을 통해 우주의 진실을 직접 경험하게 되었다. 소금물도 마셔본 사람이 그 비릿하게 짠맛을 제대로 아는 것처럼, 내 마음만이 아닌 신체, 감정, 스피리추얼 셀프를 통해 경험한 우주의 진실은 내가 머리로 이해했던 개념 수준의 인지와는 비교할 수도 없이 깊었다.

지난 1년, 코로나를 시작으로 드라마 같은 일들이 내 인생에 펼쳐졌다. 이 책에 적은 에피소드 한 편 한 편은 그동안 책이나 강의로 접해 머리로만 알던 것들이 내 삶에 실제로 일어난 이야기다. 에피소드마다 나를 삶의 신비 속으로 더 깊숙이 초대했다. "아임 인"이라고 응답하고 뛰어들 때마다 우주의 신비를 발견하게 되니 지금은 우주의 진실을 믿지 않을 도리가 없다.

내가 발견한 우주의 진실은 **이 세상에 존재하는 모든 것들은**

이미 언제나 완벽하다는 것이다. 우리 존재도 마찬가지다. 이미 언제나 완벽한 우리 존재를 사랑하는 방법은 가장 우리답게 사는 것이다. 이것이 진정한 **셀프 러브**다. 선물로 받은 오늘이라는 시간에 나의 최선을 다하되, 나머지는 우주에 의탁한다. 일자리나 돈벌이 등이 진정 나의 것이라면, 언젠가 반드시 나를 찾아올 것을 믿기에 마음이 평온하다. 일이 되든 안 되든 나는 지금 기쁘게 살 수 있는 것이다. 무슨 일이 일어나든 우리는 우주의 보살핌을 받고 있다는 진실 속에서 찾은 자유이자 안정이다.

최대한 심플하게
Live as simply as possible

베나오로 떠나기 전 미국에서 나는 기술의 편리함을 최대한 누리며 살았다. 내가 살던 아파트에는 4개의 알렉사가 모든 기기에 연결되어 있었다. 아침에는 침대에 누워서 "알렉사, 조이 켜줘"(2017년에 지은 거실 조명 이름도 조이였다!)라고 주문하고, 알렉사가 읽어주는 모닝 뉴스로 하루를 시작했으며, 즐겨 먹는 캐슈너트밀크를 비롯해 필요한 물품은 캘리포니아산 유기농 제품으로 당일 배송을 받았다. 아침 9시면 도심의 고층 오피스까지 우버로 출근했고, 점심시간에는 소울 사이클에서 사이클링을 하고, 저녁에는 잘한다는 셰프를 찾아다니며 회사 이벤트를 주관했다. 도우미 아주머니가 집을 청소하고 룰루는 도그워커가 매일 놀아주고 산책시켜 주었다. 회사 일에만 집중하려고 그 외의 모든 것을 아웃소싱했다.

베나오에서는 캐슈너트 밀크는커녕 흰 우유와 두유밖에 없었고 그마저도 구하려면 40도 가까운 무더위를 뚫고 장을 보러 가야 했다. 대신 망고, 파파야, 코코넛은 나무마다 넘쳐났고 집 앞 나무에는 슈퍼푸드라 불리는 모링가가 잔뜩 열려 있었다. 정글이라 자고 일어나면 바닥에 죽은 벌레가 한가득이었는데, 어느 집에도 진공청소기가 없어서 늘 빗자루로 직접 거실을 쓸어야 했다. 일어나자마자 창문을 열어 환기하고 청소하며 하루를 시작하는 것이 어느덧 아침의 리추얼이 되었다. 인터넷이 잘 안 터지는 건 기본이고 해변 전체에 전기가 나갈 때도 많았다. 그런 날은 바닷가에 가서 친구들과 밤하늘을 바라보며 병맥주를 기울이며 이야기를 나눴다. 주소 체계도 어설퍼서 미국에서 내가 쓰던 로션을 배송받는 건 꿈도 꾸지 못하고 코코넛오일로 대체했다.

많은 일을 직접 배워서 해야 했다. 서핑보드를 고치고, 코코넛을 따고, 구멍 난 자동차 타이어를 갈았다. 샌프란시스코에서처럼 누군가를 시킬 수도, 해줄 사람도 없었다. 당연히 일어날 법한 이런 일들을 해본 적이 없어 쩔쩔매는 날이 많았다. 귀찮았지만 생존을 위해 방법을 배워갔다. 그렇게 내 손으로 모든 일을 하면서 내 삶의 에너지에 한 발자국 다가가는 기분이었다. 점차 **내 삶과 더 밀접하게 연결**되는 게 느껴졌다. 예전에는 단순한 잡일로만 치부했던 일들이 내 삶의 일부가 되어갔다. 관점이 바뀌자 어느 순간부턴가 귀찮던 잡일들이 놀이처럼 느껴졌다.

물론 내가 직접 해결할 수 없는 일도 있었다. 집의 에어컨이 고장났다거나 창밖의 벌집을 없애는 것처럼 말이다. 샌프란시스코였다면 바로 구글 검색을 해서 수리할 업자를 찾아 가장 빠른 일자로 약속을 정하고 그에 상응하는 대가를 돈으로 지불했을 것이다. 베나오에는 그런 웹사이트 정보가 없다. 그래서 이곳 생활을 오래한 친구들에게 묻는다. 그래서 누군가를 소개받아 보면 한 다리 건너 아는 동네 친구다. 이렇게 모두 '친구'이기에 미국에서처럼 '돈을 지불하고 노동을 사는 사람'과 '돈을 받고 서비스를 제공하는 사람'이라는 암묵적인 갑을관계가 존재하지 않는다. 그들에게 대가를 지불하지만 나 역시 그들의 서비스가 반드시 필요하므로 우리는 동등하다.

동등한 우리는 나의 짧은 스페인어와 그의 부족한 영어로 소통 아닌 소통을 하며 일을 성사시킨다. 그 과정에서 그의 딸이 한국 드라마의 팬이라는 사실을 알게 돼 한국에서 가져온 마스크팩 한 장을 건넨다. 그는 눈빛으로 감사의 마음을 전한다. 땀을 뻘뻘 흘리며 인터넷을 고치는 그에게 나는 서툰 스페인어로 "Muchos gracias(감사합니다)"를 반복하고 그는 "You're welcome"이라며 씨익 웃는다. 단순하고 순수한 이런 관계를 거듭하며 내 마음은 더욱 열릴 수밖에 없었다.

7개월간 정글에서 생활하는 데 필요한 물품은 여행가방 두 개로 충분했다. 고심을 거듭하며 구매했던 디자이너 가구부터 20대 때부터 사 모았던 명품 가방이나 부모님께 받은 귀중품들은 모두 미국의 창고에 두고 왔다. 그 어떤 물건도 나의 행복에 반드시 필요하지는 않았다. 가끔 '아, 그 원피스를 지금 입으면 딱일 텐데' 하며 아쉽긴 했지만, 나의 행복지수에는 아무런 영향도 미치지 않았다. 7개월 동안 검정색 플립플롭과 운동화 두 켤레로 지내는, 예전 같으면 상상도 못했을 생활이 가능했다. 내가 의식하지 않으니 주위에서도 내가 무슨 신발을 신든 아무도 신경쓰지 않았다.

물론 불편할 때도 있었다. 곰곰이 생각해보았다. 내가 믿는 '편리함'은 무엇인가? 나에게 편리함이란 최소한의 노력으로 나를 위한 무언가가 손쉽게 이루어지리라는 기대였다. 편리함이 나를 더 '생산적'으로 만들어줄 거라 믿었다. 그렇다면 생산적이란 의미는 무엇인가? 무엇인가를 많이 해낸다는 것인데, 왜 그게 중요한가? 결론은 잘 살고 싶기 때문이다. 잘 산다는 것의 정의는 개인마다 다르겠지만, 생산적인 삶을 추구했던 과거의 나를 떠올려보면, 그때는 오히려 나의 삶이 깊은 내면에 존재하는 라이프 에너지와 분리되어 있지 않았나 하는 의문이 든다. 제임스 캐머런의 영화 〈아바타〉가 떠올랐다. 〈아바타〉는 기술의 진보로 자연을 착취해 돈을 벌려는 사람들과 자연과 공존하는 니비족의 갈등을 그린 이야기다. 나의 도시 생활이 자연을 착취하는 쪽에 은연중에 힘을 실어주었던 것은 아닌지 생각해보게 되었다.

불편해 보이는 매 순간을 좀 더 천천히, 그리고 깊숙하게 들여다보면 그것은 곧 나에게 깨달음을 주는 순간으로 바뀐다. **'불편'이라는 것 자체가 어떤 것들을 귀찮아하는 나의 믿음에 근거**하기 때문이다. 그 믿음을 인지하고 바꾸는 순간, 불편하다는 것은 다른 밝은 에너지로 전환된다. 예를 들어 처음에는 땡볕 아래 장을 보러 가는 것이 더없이 불편했다. 하지만 장 보러 가는 그 시간은 곧 가게 앞에서 커피를 내리는 알렉시, 호머세리아에서 손님을 대접하는 길라드, 베이커리에서 서빙하는 마리아 등을 만나 인사를 나누고, 가끔은 가게에 들어가 커피를 함께하며 동네 이야기도 듣는 시간으로 변해갔다. 이렇게 즉흥적으로 만나는 이들과 자연스럽게 어울리는 시간은 샌프란시스코의 미슐랭 레스토랑에서 하는 투자자 미팅과는 비교할 수 없을 만큼 마음을 충만하게 채워주었다.

샌프란시스코에서는 하루 종일 집중해 일한 후 피곤함을 풀기 위해 와인 한잔 마시는 것이 휴식이었다면, 베나오에서는 삶이 흐르는 대로 살아가는 단순한 일상 자체가 휴식이다. 그 안에서 나는 자연, 삶 그리고 커뮤니티의 일부분으로 연결되는 소소한 소속감을 누렸다.

2021년 여름, 샌프란시스코에 돌아와 짐을 보관해둔 창고를 정리했다. 당분간은 샌프란시스코나 어느 한곳에 정착하지 않고 마음 끌리는 대로 여행하는 디지털 노마드의 삶을 계속하고 싶었다. 그래서 박스 가득한 창고를 정리하고 그 안에 간단한 옷장을 만들기로 했다. 아마존에 주문해 받은 옷장은 내가 직접 조립해야 했다. 1년 전만 하더라도 온라인 마켓플레이스 검색을 통해 조립해주는 분을 찾아 부탁했을 것이다. 무거운 것을 들거나 창고의 먼지를 뒤집어쓰고 싶지도 않았고, 가구조립 도구도 없었다. 하지만 이번에는 도전해보기로 했다.

창의력(!)을 발휘해 망치 대신 알루미늄 물병으로, 드라이버 대신 열쇠를 사용해 조립을 시도했다. 창고에서는 5분 이상 움직임이 없으면 센서등이 꺼지기 때문에 5분마다 움직여야 했다. 예전이라면 한창 일하고 있는데 일어서야 하는 것에 짜증을 냈을 것이다. 이제는 구부정하게 숙이고 있던 허리도 펴고 스트레칭을 하라는 신호로 받아들이며 감사해했다. 작업을 하다가 이마의 땀을 닦는데 갑자기 "성인이라면 이제껏 안 해본 일을 하는 것이 뇌의 유연성을 키우는 데 좋다"고 읽은 게 기억나 피식 웃었다. 오늘 뇌의 유연성은 확실히 키우고 있구나. 이렇게 2시간을 끙끙댄 끝에 그럴싸한 옷장이 완성됐다. 작은 일이지만 뿌듯하다.

스티브 잡스는 죽으면서 그의 장례식에 온 모든 사람들에게

파라마한사 요가난다Paramahansa Yogananda가 쓴 《어느 요기의 자서전Autobiography of a Yogi》을 선물했다고 한다. 이 책의 문구가 생각났다.

"최대한 단순하게 하십시오. 당신의 삶이 얼마나 복잡하지 않고 행복해질 수 있는지 보고 놀랄 것입니다."

그의 말처럼 나도 가급적 단순하게 살아가고, 그런 삶 안에서 행복을 느꼈다. 내가 손수 지은 창고 옷장에 옷을 걸며, 필요한 일을 직접 해내며 심플하게 살아가던 베나오 라이프를 미국에서도 이어갈 수 있겠다는 확신이 들었다.

도시인으로 살며 나를 잃지 않는 법
Self-inquiry

2021년 여름, 7개월의 정글 생활을 마치고 미국에 돌아왔다. 친구 결혼식에 참석하기 위해서다. 결혼하는 커플은 샌프란시스코의 대규모 테크회사 임원들이었다. 그래서인지 결혼식에 참석한 친구들 역시 테크업계에 종사하거나 투자자로 일하는 사람들이 대부분이었다. 결혼식이 열리는 호텔은 하룻밤 숙박료만 200만 원으로, 결혼식 또한 그에 걸맞게 화려했다.

친구들이 프랑스에서 요트 휴가 보낸 이야기를 듣고 있으니 머릿속으로 '만약what if'이라는 생각이 스쳐 지나갔다. 만약 내가 계속 은행을 다녔다면 어땠을까? 내년쯤에는 캘리포니아 지역을 이끄는 전무로 승진했을 것이다. 연봉 10억이 넘는 자리였다. 내가 선택한 길에 대한 의심은 없었지만 그래도 혼란과 상실감이 드는 긴 어쩔 수 없었다. 내가 최선을 다하면 나를 보살펴주는 우주의 존재를 믿지만, 줄어드는 통장 잔고가 걱정되기도 했다. 친구들의 안정된 모습이 부럽기도 했다.

결혼식을 다녀온 일요일 저녁, 게이버 마테Gabor Mate 박사님이 출연하는 〈트라우마의 지혜〉라는 다큐멘터리를 보았다. 마테 박사님은 잘 알려진 트라우마 전문가이자 정신상담의로, 다큐멘터리는 그가 트라우마를 치유하기 위해 하는 일들을 보여주었다. 그는 노숙자 문제로 골치 아픈 밴쿠버 시내에서 무려 12년이나 마약중독자들을 돕고 있었다.

내가 사는 샌프란시스코 역시 노숙자 문제가 심각한 도시 중 한 곳이다. 다큐멘터리를 보면서 나는 지난 10년 동안 거의 매일 마주치는 노숙자들에게 몇 번이나 예를 갖추어 대했는지 되돌아보았다. 눈을 맞추기커녕 길을 걷다가도 저쪽에 노숙자들이 보이면 무서워서 굳이 길을 건너 피해 다녔다. 코치로 일할 때에도 나의 클라이언트는 대부분 성공가도를 달리는 사람들이었다. '힐러'를 자처하는 내 안의 이중적 모습을 발견하니 더없이 부끄러워졌다.

이 두 가지 사건은 내게 트리거가 되었다. 머릿속이 복잡해지고 마음이 동요하기 시작했다. 내게는 초조해지면 도망치고 싶어 하는 패턴이 있다. 베나오나 멕시코의 리트리트 센터로 돌아갈까 하는 마음에 비행기를 급하게 찾아봤다. 그러다 이런 나의 패턴을 인지하고는 깊게 심호흡을 했다. 현실의 불편한 마음을 피하기 위해 자연이나 리트리트 센터로 도망치는 것은 진정한 해결책이 아니었다. 휴대폰을 내려놓고 명상을 시작했다. 한 시간 넘게 앉아 있었을까, 아까보다는 덜했지만 여전히 마음이 무거웠다. 아직도 트리거가 해소되지 않은 것이다. 그래서 명상 선생님께 연락해 상담을 하며 나 자신에게 질문을 던지는 셀프인쿼리를 시작했다.

"나는 누구인가?"

…나는 임애린이 아니다. 임애린은 내 이름일 뿐이다.

…나는 코치나 작가가 아니다. 그것은 직함일 뿐이다.

…나는 내 은행 계좌에 있는 돈도 아니다.

이렇게 내가 아닌 것들을 하나하나 없애며 내가 사회에서 느낀 감정과 패턴을 점검하고 놓아주기 시작했다. 시간이 흐르고 나니 그 아래 존재하는 광대한 자각을 인지한다. 나의 본질이다. 그제야 무엇이 트리거가 되었는지 깨달았다. 실리콘밸리에 넘쳐나는 불균등한 부(富)가 아니라, 부는 무엇이고 어떻게 부를 이루어야 하는지에 대한 나의 믿음이 트리거를 만들었다. 내가 힐러여서가 아니라, 힐러가 해야 할 일이나 모습에 대한 나의 믿음이 트리거를 만들었다. 이 믿음 역시 '사회적 통념'에 반항하거나 부합하면서 터득한, 내 무의식에 존재하는 패턴들이다.

패턴은 마치 기생충 같다. 나도 모르게 비교하고 질투하게 만들어 나를 오롯이 표현할 자유의 힘을 빨아먹는다. 아무리 노력하고 공부하고 명상해도 사회 구성원이자 인간으로서 '사회의 목소리'에 순응해 소속감을 느끼고 싶어 하는 내 안에는 당연하게도 여전히 많은 패턴이 있다.

이런 무의식 속의 패턴을 의식하며 그 패턴도 나의 일부임을 받아들인다. 나를 옭아매는 무거운 고리가 느슨해지는 것이 느껴진다. 마음이 다시 평온해지기 시작했다. 자유를 느꼈다. 자유는 내가 하고 싶은 대로 하는 것이 아니다. 진정한 자유란 나를, 나의 자아를 방해받지 않고 표현하는 것이다. 도시로 돌아온 나는 이런 나의 패턴을 인지하고 용납함을 반복하며 깨어 있는 의식 생활을 해나간다.

도시에서는 마음이 흐트러질 때가 자주 있다. 벌써 명상을 5년째 하고 명상 선생님이 되기 위해 미국에서 잘 알려진 잭 콘필드Jack Kornfield와 타라 브라크Tara Brach의 마인드풀 명상 지도자 교육 과정을 수료 중이지만, 명상에 대한 나의 깨달음이 **버터같이 고체화**되지 않았기 때문이다. 우유로 버터를 만드는 과정에서 인내심을 발휘하지 못하고 버터가 고체화되기 전에 빼서 물에 넣으면 버터가 물과 섞여버린다. 하지만 잘 기다려 고체가 된 버터는 물 위에 떠 흐트러지지 않는다. 이런 버터는 어떤 사나운 폭풍이 불어도 동요하지 않는다. 오히려 폭풍의 장엄함, 아름다움 그리고 강렬함을 감상할 수도 있다.

마음의 수련도 이와 비슷하다. 명상에서 배운 깨달음을 고체화하기 위해 나는 매일 명상을 하고, 일주일에 한 번씩 멕시코에 계신 명상 선생님과 줌으로 미팅을 하고, 나의 코치에게 코칭을 받고, 좋은 글귀를 읽으며 마음을 정화한다. 매달 에너지 힐러를 만나고 보디워크를 받는다. 시간이 날 때마다 공원에 가서 자연과 교감하고 석양을 바라본다. 매 분기 클렌징 식단으로 몸도 정화한다. 1년에 두 달씩 조용한 정글의 명상원에서 생활하며 나를 돌아보는 침묵의 시간을 갖는다. 정글에서만 느껴지는 태고의 에너지가 나를 채워주기 때문이다. 이러한 과정을 거듭하면서 나는 나의 컵을 채운다. 나의 컵이 가득하면 몸과 마음이 맑아지고, 좋은 아이디어도 더 많이 떠오른다.

가끔은 멕시코나 인도의 명상원에 가서 몇 년씩 살아볼까 하는 생각이 들기도 한다. 명상원은 교통체증이나 공기오염이 없이 평화로울 것이다. 하지만 나는 사람냄새 나는 도시를 사랑한다. 서로 치이면서 의도치 않게 상처 주고 상처받지만, 오해를 풀고 아껴주고 영감을 받아 새로운 것을 만들어가는 인생의 이야기가 가득한 도시가 좋다. 나에게 스피리추얼리티란 정글 속 아슈람에 사는 것이 아니다. 나에게 스피리추얼리티란 저녁 식사 후 기름진 그릇 설거지를 하면서, 퇴근 시간에 식료품 가게의 긴 줄에 서서 기다리면서, 막히는 길을 운전하면서도 나의 자아를 인지하고 나보다 더 큰 무언가와 연결됨을 느끼는 것이다. 나는 도시에서 나의 배움을 나눠주며 사회에 기여하는 생활을 하고 싶다.

내가 배운 것을 도시의 삶 속에서 고체화하기 위해 나만의 리추얼을 만들기도 했다. 내가 가장 좋아하는 도시 중 하나인 뉴욕을 방문할 때면 명상으로 하루를 시작한다. 다이내믹한 에너지가 가득한 이 콘크리트 정글은 시끄럽고 정신없어 종종 나의 인내심을 시험한다. 도시의 생동감을 즐기는 것도 중요하지만, 혼자 성찰함으로써 내 안의 스피리추얼 셀프와 연결해 그 안에서 우주의 지혜를 깨닫는 시간이 가장 우선이다.

특히 나는 코치로서 반 농담으로 '에너지를 파는' 일을 하므로 이 작업이 더욱 중요하다. 나의 코칭을 받고자 하는 사람들은 나의 '무엇'인가에 끌리기 때문에 온 것이다. 이 '무엇'은 나의 지식이나 경험을 넘어서는 나의 라이프 포스라고 생각한다. 지성과 경험을 찾는다면 나보다 더 똑똑하고 더 많이 알고 더 다양한 경력을 쌓은 코치에게 갈 것이다. 그래서 나는 코칭을 할 때 내가 이만큼 안다고 보여주고 싶은 마음을 내려놓고 대신 그 자리에 우주의 지혜가 나를 통해 흐르도록 한다. 명상을 통해 본질의 에너지와 연결되어 라이프 포스가 자연스레 흐를

때, 나는 임팩트가 큰 코치가 된다.

24시간 잠들지 않는 뉴욕에서 모든 게 바쁘게 돌아갈 때, 나역시 그 에너지에 휩쓸려 진이 빠지기 쉽다. 그래서 나는 **멈춰선다.** 명상을 하며 나 자신을 다시 만나는 정적인 고요함stillness을 선택한다. 고요함 속에서 나는 유연하고 스트레스를 받아도감정 기복이 크지 않은, 중심을 유지하는 존재가 된다. 이렇게**정지할 수 있는 것이야말로 용기 있는 행동**이라고 나를 칭찬해준다. 그렇게 나는 도시 안에서 천천히 가는 길을 선택하고, '나는 누구인가'를 꾸준히 탐구하며, 나의 배움을 꾸준히 고체화하는 연습을 한다. 이것이 코치로서 나의 라이프 포스 에너지를 최상으로 관리하는 나의 **셀프케어다.**

때로는 벽 위의 파리처럼
Like a fly on the wall

오늘은 내가 선생님 연수생 자격으로 참석한 호프먼의 마지막 날이다. 나를 담당하는 선생님이 나를 향해 오는 빠른 발소리가 들렸다. 쿵, 마음이 가라앉았다. '아, 내 실수다.' 그녀는 얼굴이 상기된 채 내 팔을 붙잡고 내가 있어야 할 선생님 코너로 나를 데려(끌고)갔다. 잠시의 침묵이 나를 압도했다.

"애린의 행동은 닌자가 아니었어." 선생님은 감정을 다스리기 위해 숨을 깊게 내뱉으며 단호하게 말했다. 겁이 났고 창피했다. 내가 무엇을 잘못했는지 정확히 알고 있었기 때문이다. 선생님을 실망시키는 것도 끔찍하게 싫었다. "죄송해요, 선생님. 다시는 이런 일 없도록 할게요"라고 재빨리 잘못을 시인한다.

나는 7월부터 호프먼의 선생님 교육 과정을 받고 있다. 과정중에는 실제 호프먼을 지켜보는 커리큘럼이 있다. 여기서 나의 역할은 '닌자'가 되어 아무것도 하지 않고 관찰만 하는 것이다. 프로그램과 선생님과 학생들을 뒤에서 관찰하되 그들에게 미치는 영향을 최소화하기 위해 가능한 한 보이지 않는 '벽 위의 파리'가 되라는 것이 나의 유일한 미션이었다.

하지만 나에게는 "파리처럼 아무것도 하지 마세요"라는 미션이 너무도 어려웠다. 선생님 연수생으로서 지금까지 교실에서 배운 내용이 실제로 진행되는 걸 보고 그를 통해 학생들이 변화하는 모습을 목격한다는 사실에 너무 들떠 있어서, 나도 에너지를 발산해 무엇인가 도움이 되는 일을 하고 싶었다. 7일 동안 이루어지는 레지던셜 프로그램에서 매일 아침 6시 반에 일어나 밤 10시까지 일하는 일과도, 아픈 학생을 간호하고 구급차를 부르는 위기대응도, 쉬는 시간에 무거운 소품을 옮기는 것도 가뿐했다.

그러나 벽 위의 파리처럼 아무것도 하지 않기란 너무나 어려웠다. 나에게 질문하는 학생들과 이야기도 하고 싶었고, 그들이 눈물 흘릴 때는 티슈를 가져다주고 싶었고, 그들이 춤을 추는 시간에는 나도 함께하고 싶었다. 그러나 나는 참가자들이 그들 자신의 경험(설령 그것이 눈물과 아픔을 표현하는 것이라도)을 할 수 있도록 공간을 제공하는 법을 배우는 중이었다. 선생님들이 모이는 식당에서도 그들의 대화를 방해하지 않도록 하고 싶은 말이 있어도 꾹 삼켜야 했다.

그래서 매일 아침 일어나 클래스에 들어가기 전, 침대에 앉아 기도를 했다. "오늘도 차분하게, 나에게 주어진 일만 하면서 관찰하는 파리가 되게 해주세요." 다짐에 가까운 기도가 도움이 되었는지, 처음 6일은 그들과 함께하고 싶다는 생각을 억누르고 파리처럼 숨죽여 조용히, 아주 가만히 있었다. 하지만 표면에서 작동하는 나의 모든 노력과 달리 내 안의 깊은 곳에서 모종의 트리거가 느껴졌다. 그 불길이 배 속에서 느껴지자 심히 불편하고 감정적이 되었다. 그때마다 최대한 차분하게 기도하며 나의 위치를 상기하려 애썼다.

마지막 날인 7일째, 배 속의 불길은 결국 나를 집어삼켰다. 지금까지 잘해왔고 마지막 날이라 긴장이 풀어졌는지, 마지막 세션을 듣던 중 뒤에 있던 학생의 질문에 클래스 전체를 대상으로 내가 대답을 해버린 것이다. 이만저만한 실수가 아니었다. 파리의 순간이 아니었다. 몇 분이나 이야기했을까, 결국 선생님이 나를 막으러 나온 것이었다.

선생님에게 한 소리 듣고 교실 뒤에 혼자 앉아 있으니 온몸이 불타오르는 것 같았다. 이런 실수를 하다니, 믿을 수가 없었다. 내게 무슨 일이 일어난 것인가? '아무것도 하지 마세요'라는 아주 간단한 지시사항을 왜 지키지 못한 걸까? 나를 들여다보고 모으기 위해 심호흡을 했다. 명상과 자아성찰을 직업으로 한다면서 이런 실수를 하다니, 부끄러우면서도 나도 인간임을 다시금 느낀다. 부끄러움을 외면하기보다 있는 그대로 받아들인다.

어느 정도 진정된 후 상황을 되짚어보았다. 큰소리로 대답했을 때 나는 마치 강력한 마법에 걸린 것처럼, 내가 아는 것을 공유하고 싶다는 강박적인 욕망에 사로잡혀 있었다. 나에게 주어진 단 하나의 지시사항을 무시하게 만든 그 욕망 아래 무엇이 존재했을까?

노트를 꺼내 나의 패턴에 대해 적어보기 시작했다. 내 지성과 지식을 보여주어 사랑받고 존경받고 싶은 욕심? 똑똑하다고 주목받고 싶은 마음? 아는 것을 공유해 가치를 더하고 싶은 마음? 나의 잠재의식 아래 존재하는 이런 패턴들은 매우 강력하다. 그것들은 내가 모르는 사이에 내 삶을 주도한다. 나의 믿음을 바라보며 스스로 물어본다.

'이런 패턴들은 어떤 방식으로 내 삶에 나타나고 있을까?'

'가만히 있으면 사랑받을 수 없다는 믿음은 나로 하여금 자신과 타인을 어떻게 대하게 할까?'

'인정받지 못한다고 느낄 때 나는 어떤 식으로 사랑을 거부하거나 시험하거나 무시할까?'

'나의 이런 패턴 때문에 내게 끌리는 사람이 있는가? 그들은 나를 어떻게 대하는가?'

'이 신념에 나는 어떤 식으로 반응하고 있나? 어떻게 받아들이거나 반항하고 있나?'

이런 질문을 하며 적어 내려간 내 안의 잠재적 패턴 목록을 보니 언제 어디서 이것들을 배웠는지 궁금해졌다. 그러다 문득 외할머니의 모습이 떠올랐다. 순식간에 내 몸이 쪼그라드는 것 같았다.

외할머니에 대한 가장 오랜 기억은 내가 두 살 무렵으로 거슬러 올라간다. 나는 하얀 원피스를 입고 외할머니와 손을 잡고 아파트 단지를 걷고 있었다. 날이 어두워질 때라 서둘러 집으로 돌아갔던 기억인데, 외할머니는 두 살짜리 아이가 따라잡기에는 너무 빨리 걸으셨다. 나는 외할머니를 따라잡아야 한다는 마음에 빨리 가고 싶지만 자꾸 넘어질 것 같았다. 외할머니는 왜 이런 마음을 몰라주는지, 내가 보살핌을 받지 못한다고 느꼈다. 감정을 말로 표현하기에는 너무 어렸지만, 내 몸은 당시 상황을 또렷하게 기억하고 있다. 이것은 외할머니가 세상을 떠날 때까지 우리와 함께 살았던 약 25년 동안, 우리가 맺은 관계의 전형으로 남아 있었다.

1930년대 한국에서 태어난 외할머니는 딸보다 아들을 더 귀히 여기셨다. 4남 4녀를 두셨는데, 아들들은 좋은 학교에 보내셨지만 딸들은 시집가면 그만이라며 집안일을 시키셨다. 어릴 적 맞벌이하는 부모님 대신 외할머니가 나와 남동생을 돌봐주셨다. 저녁을 먹을 때 가장 맛있는 고기는 남동생에게 주고, 새해에 가장 두꺼운 봉투도 남동생 차지였다. 초등학교 반장이 되고 싶어 연설을 준비하는 내게는 "여자가 무슨 반장이야. 그리고 너는 왜 그리 목소리가 크니, 그렇게 나서는 성격을 어디 쓰겠냐"며 핀잔을 주셨다. (그 반발심에, 나는 반장뿐 아니라 전교 학생회 회장까지 했다.) 내가 열 살 때에는 너희 아빠가 바람을 피운다고 내게 소리치셨다. 어찌할 바를 몰랐던 나는 그 나이에 짊어지면 안 될 비밀의 짐을 지게 되었다. 열한 살쯤에는 외할머니의 차별에 화가 난 나머지, 학교에서 받은 모든 상장을 갈기갈기 찢어버린 적도 있다. 아무리 노력해서 성취를 해도 '손녀'라는 이유로 나를 사랑해주지 않는 외할머니의 인정과 관심을 얻고 싶은 고통의 표현이었다. 하지만 힘든 결혼 생활을 하는 부모님이나 다른 사람들에게 이런 고민을 털어놓을 수는 없었다. 그저 혼자 끙끙 앓을 뿐이었다.

혼란스럽고 화가 났지만 내가 할 수 있는 건 아무렇지 않은 척, 행복한 척하는 것뿐이었다. 착하고, 공부 잘하고, 강해짐으로써 부모님에게 걱정 끼치지 않는 것이 내가 찾은 대처법이었다. 아픔이나 상처 같은 감정을 배제하고 강해져야 우리 가족이 행복해질 수 있다고 믿었다. 손녀이자 딸로서 나의 가치를 증명하는 방법은 성공하는 것이었다. 성취하면 외할머니가 비록 손녀라도 나를 사랑하고 인정해줄 거라 믿었다.

다행히 엄마는 외할머니가 주입한 남아선호사상을 거부하셨고, 여자라도 하고 싶은 것은 무엇이든 할 수 있다며 나를 아낌없이 응원해주셨다. 은연중에 나는 내가 성공해야 가족이 행복하고, 여자인 나의 가치가 증명된다고 믿었다. 이렇게 인정받고 싶어 하는 패턴은 내가 성취하는 데 큰 도움이 되었다. 사회적으로 성공의 기준이라 할 수 있는 길을 택했다. 아이비리그 대학을 나와 뉴욕 투자은행에서 일하고, 실리콘밸리의 스타트업과 벤처 펀드에서 일했다. 남자가 더 많은 업종을 선택한 것 역시 어쩌면 여자인 내가 그들과 동등하게 경쟁해 인정받고자 하는 나의 패턴이 크게 작용했을 것이다.

그러다 지금 맞닥뜨린 아무것도 할 수 없는 상황은 치유되지 않은 나의 깊은 상처에 불을 지폈다. 그래서 나도 모르게 내 패턴에 끌려, 역할을 무시하고 손을 들어 발표한 것이다. 과거 연인이나 친구 사이에서도 관심받지 못한다고 느끼면 나를 분리하고 고립시켜 행동하곤 했다. 남에게 인정받고 싶어 하는 패턴은 강해지고 싶은 패턴과도 관련이 깊다. 강해지고 싶었던 나는 흔히 '여성의 덕목'이라 일컫는 부드러움, 온화함, 조용함과 같은 자질은 내 안에서 스스로 부인하고 있음을 알게 되었다. 외할머니가 나에게 강요한 덕목에 대한 반항인 것이다.

앞에서도 말한 융의 그림자 이론에 따르면, 인간은 숨기고 싶은 면을 그림자 속에 가두어둔다. 어릴 적 외할머니에게 사랑받지 못했다는 상처, 그 상처가 만든 패턴이 나의 그림자에 지금까지 남아 있었다. 이번 실수를 통해 내 안에 존재하는, 꼭꼭 숨겨둔 나의 그림자에 빛을 비추어본다. 무의식에서 의식의 세계로 올라온 패턴에 빛을 비추면 그림자는 힘을 잃는다.

이렇게 한다고 해서 오랫동안 믿었던 패턴이 하루아침에 사라지는 것은 아니다. 그래서 나는 다음 과정을 거쳐 패턴에서 자유로워지는 결정을 하도록 리프로그래밍 리추얼을 한다. 신경가소성이 있는 인간의 두뇌는 어른이 되어서도 성장과 재조직 과정에서 스스로 구조와 기능을 바꾸어 새로운 행동을 할 수 있게 만든다.

리추얼의 첫 단계는 외할머니에게 서운했던 점, 화났던 점을 모두 써보는 것이다. 어릴 적으로 돌아가서 한 시간 동안 쉬지 않고 마음속에 묻어둔 말을 쏟아낸다. 어린 시절의 일이므로 유치한 단어가 나와도 괜찮다. 처음에는 외할머니를 비난하는 말을 해도 되나 싶지만 이 목적은 아무도 들어주지 않은, 내 마음속 판도라 상자에 꼭꼭 감추어둔 두 살, 열 살짜리 애린의 목소리에 귀를 기울이는 것이다.

둘째, 그렇게 쓴 편지를 앞에 두고 외할머니의 어릴 적 모습을 명상해본다. 외할머니의 외할머니는 두 살짜리 외손녀를 어떻게 대했을까? 1930년대 한국이었으니 지금과는 전혀 다른 세상이었을 것이다. 외할머니 역시 남아선호사상이 지배하는 세상에서 자랐을 것이다. 우리 외할머니는 참 똑똑한 분인데, 그녀도 오빠들과 함께 교육받고 싶었을까? 그러고 보니 외할머니에 대해 아는 것이 없다. 하지만 외할머니의 어릴 적 모습, 외할머니가 사회나 가족으로부터 패턴을 익히기 전을 상상하면 그분을 이해할 수 있는 연민의 마음이 생긴다. 명상을 하며 외할머니가 이해되었다 싶으면 이제 어른으로서 내가 하고 싶은 말을 한다. 키워주셔서 감사하다고 인사하고, 왜 서운했는지도 이야기한다. 외할머니도 참 불쌍하다고, 이제 그 입장도 이해가 되니 좋은 곳에서 나를 지켜봐달라고 말한다.

셋째, **영적 리패런팅**re-parenting을 한다. 눈을 감고 깊게 호흡한다. 두 살 때 그날의 장면으로 돌아간다. 그 장면에서 외할머니는 더이상 성급하게 걷지 않으신다. 어린 내가 잘 따라오는지, 나의 속도에 맞춰 저무는 해를 바라보며 천천히 걸으신다. 느긋함과 나에 대한 배려심이 느껴진다. 초등학교 때 반장이 되기 위해 발표를 준비한다. 외할머니는 발표를 귀 기울여 들어주시고, 참 잘한다고 칭찬해주신다. 우리 손녀가 반장이 되었다고 자랑스러워하신다. 이런 나를 더 사랑할 것도 없이, 나와 동생에게 똑같은 관심을 기울이며 우리 둘 다 자신의 길을 가면 된다고 해주신다. 열 살 때 부모님이 다투신 후에도 외할머니는 나를 꼭 안아주신다. "부모님이 해결해야 할 일이 있으신가 봐.

어른들이 어려운 일이 있으면 저렇게 목소리를 높일 수도 있는데 저게 아빠나 엄마가 너를 사랑하지 않는다는 뜻은 아니란다. 엄마, 아빠 그리고 외할머니 모두 애린이를 사랑한단다."

외할머니나 부모님에게도 상처가 있었을 테고, 그들의 삶이 있었다. 물론 내가 상처받은 것도 사실이다. 이제 어른이 된 나는 그 상처를 미화 없이 있는 그대로 인지하고, 그들을 이해하고 용서하고 받아들인다. 부모님과 외할머니에게 받지 못했던 사랑을 나 스스로 어린 애린에게 전한다.

이 리추얼의 마지막은 첫 단계에서 외할머니에게 쓴 편지를 찢거나 태우는 것이다. 그렇게 그들에게 배운 패턴을 내 시스템에서 지운다. 그리고 따뜻한 물로 샤워나 목욕을 한다. 전 세계의 많은 토착민 전통에서 불과 물을 다루고, 나의 리추얼에서도 물과 불을 통해 새로운 임애린으로 다시 태어난다. 새로운 임애린은 매 순간 그녀가 원하는 결정을 가장 그녀답게 할 수 있다.

2주일 후, 호프먼을 관찰하기 위해 다시 참석했다. 이번에도 벽 위의 파리처럼 숨죽이고 있으라는 지시를 받았다. 2주 전만 해도 나를 보여주고 싶다는 강박이 10점 만점에 10점이었다면, 리프로그래밍 리추얼 효과로 이제 2점 정도로 약해져 있다. 덕분에 상황에 맞게 내가 나를 보여줄 수도 있고 그렇지 않을 수도 있다. 어느 쪽이든 2주 전보다 훨씬 편안하다.

파워풀한 호프먼 선생님이 된다는 것은 다양한 영역의 에너지를 보여주는 것을 의미한다. 예를 들어 중요한 개념을 소개하는 발표를 할 때는 나의 에너지를 확장한다. 학생들 앞에 서자마자 그들을 사로잡을 만한 카리스마가 있어야 한다. 하지만 일대일 자리에서 참가자가 힘들고 어려운 기억을 꺼내며 눈물 흘릴 때는 섬세하고 부드러운 에너지로 그 공간의 분위기를 유지해야 한다. 항상 에너지를 확장하는 패턴으로 살아온 나였지만 이제 '벽 위의 파리'처럼 아무것도 안 하는 것도 선생님의 중요한 스킬이라는 것을 안다. 아무것도 안 하는 상태는 무관심으로 일관하는 것이 아니라, 주의 깊게 관찰하는 조용한 활동 상태다. 두잉을 통해 나의 가치를 증명할 필요가 없음을 알기에 더욱더 편안하다.

마침내 내가 아무것도 하지 않고 쉴 수 있게 되었을 때, 나는 더 온전함을 느꼈다. 그렇게 나는 벽 위의 파리처럼 조용히, 하지만 내 안의 깊은 지혜와 소통하며 두 번째 관찰 주간을 성공적으로 마친다.

나다운 일, 나다운 삶
Launching my company, Embrace

캘리포니아로 돌아온 2021년 7월 어느 날, 링크드인을 통해 모르는 분으로부터 미팅 제안을 받았다. 그분의 이력을 검색해 보니 내가 아는 펀드들과도 일하는, 뉴욕에 기반을 둔 코치였다. 이제 코칭과 관련된 업무로 내게 연락이 온다는 사실이 신기하면서도 반가웠다. 만나서 이야기를 나눠보니 업계에서 꽤 영향력 있는 코칭 회사의 CEO가 회사의 성장을 도와줄 COO 레벨의 인재를 찾고 있다고 했다. 코칭과 비즈니스를 모두 해 본 나의 경험을 높이 산 모양이었다. 실리콘밸리의 대기업 시니어 임원들과 일하는, 나도 들어본 적 있는 알려진 회사였다. 그런 곳에서 나를 떠올려주다니 고맙기도 했고 괜히 들뜬 마음이 들기도 했다. 귀가 팔랑거렸다. '잘나가는 코칭 회사에서 일한다면, 그것도 그 회사의 대표와 함께라면 더 많은 것을 배울 수 있지 않을까?' 내가 하고 싶은 분야의 업무인 데다 연봉 등의 처우도 꽤 좋은 편이어서 마음이 살짝 흔들렸다. 대신 COO 급이니 CEO와 함께 풀타임으로 일해야 한다고 했다.

'분명 내 시간을 자유롭게 쓰고 싶어서 안정된 회사도 마다 하고 나왔는데, 왜 다른 회사의 오퍼에 또 끌리는 걸까?'

나의 마음을 차분히 들여다보았다. 내가 이 오퍼를 매력적이라 느낀 이유는 '코칭 회사를 직접 경영하는 사람에게서 많이 배울 수 있을 것 같다'는 믿음 내지는 기대 때문이었다. 나의 믿음을 점검해본다. 내가 자라온 환경과 경험을 되짚어보니, 나는 뭘 하든 먼저 '배워야 한다'고 믿고 있음을 알게 되었다. 시도해보지 않은 길을 가도 될지 망설이고, 배우지 않은 일에 대한 두려움도 적지 않았다.

실리콘밸리에서 지내며 가장 낯설었던 것 중 하나가 대학에 갓 입학한 10대 후반의 창업자들이 적지 않다는 사실이었다. 많은 사람들이 '배우고 시도하자'가 아니라 '시도하면서 배운다'는 마인드로 일하고, 실패를 두려워하지 않는다는 사실이 놀라웠다. 그러나 이제 나도 변했고, 나는 나를 믿는다. 나 역시 인간이기에 두렵기도 하고 더 쉬운 길을 바라볼 때도 있지만, 그럼에도 나를 믿는다. 이 믿음은 과한 자신감이나 오만이 아니다. 사람은 죽을 때까지 배워야 하지만, 이제는 나만의 코칭 비즈니스를 키울 준비가 되었음을 느낀다. 나에게 필요한 배움이 무엇이며 필요하지 않은 배움이 무엇인지 꽤 또렷하게 자각하고 있다. 다른 사람의 회사에 들어가 그들의 방식을 배우고자 풀타임으로 일하는 것은, 적어도 지금의 나에게 필요한 배움은 아니다. 지금의 나에게 가장 중요한 것은 나의 시간과 에너지다. 이를 최대한 존중하며 나에게 의미 있는 곳에 내 자원을 자유롭게 쓰고 싶었다.

그리고 이 회사에서 풀타임으로 일하면 무엇보다 호프먼의 선생님이 되는 것을 포기해야 했다. 호프먼은 선생님으로 참여해도 일종의 마법처럼 나에게 힘을 불어넣어준다. 호프먼 첫날, "나는 괴물 같은 사람이에요"라며 눈물을 뚝뚝 흘리던 참가자가 마지막 날에는 "나는 친절한 사람입니다"라고 편안한 웃음을 지으며 자신을 소개한다. 불과 일주일 만에 10년은 젊어 보인다. 얼굴에서 빛이 나고 표정도 몰라보게 밝아졌다. 자신을 지배하던 패턴들을 찾아 걷어낸 후에 자신의 내면에 존재하는 본질을 마주했기 때문이다.

누군가가 일주일이라는 짧은 시간 동안 이렇게까지 빠르게 변화하는 모습을 지켜보는 것은 더없이 경이로운 경험이자, 내가 바뀌는 촉매가 된다. 호프먼을 진행하는 동안에는 개인의 자유를 조금 양보해야 하지만, 나는 호프먼 선생님이 되는 데 나의 시간과 에너지를 오롯이 쏟을 준비가 되어 있다. 누군가의 영혼을 치유히는 과정을 돕는 것만큼 가치 있는 일은 없다고 믿기 때문이다. 한 사람 한 사람의 영혼에 따스함을 불어넣는다면, 누군가의 내면을 들여다보고 아픔에 공감한다면, 우리가 사는 세상을 바꿀 수 있다고 믿는다. 코칭 회사 임원이 되어 풀타임으로 일하면서 이만큼의 만족감을 느낄 수 있을까? 그렇지 않을 것 같았다.

나는 15년의 사회생활 동안 어딘가에 '소속되고 싶다'는 욕구를 한순간도 내려놓지 못했다. 소속감은 인간이 살아가는 데 보장이나 안전 다음으로 중요한 것 중 하나다. 남들의 몇 배를 노력해서 주류라 불리는 세계에 안착하긴 했지만, 나는 미국인도 아니고 그렇다고 한국 사회와 아주 잘 맞는 것도 아니었다. '왜 나만 다르지?'라는 고민에 늘 휩싸였다. 남들과 같은 길을 가고자 애썼던 것도 그 때문일 것이다. 하지만 지금은 나다운 모습이 무엇인지 안다. 앞으로 할 일도 가장 나답게 할 때 성공하리라는 사실을 안다. 결국 코칭 회사의 제안을 거절한 이유도, 그것이 나다운 일이 아니라 내가 남들에게 끼워 맞춰야 하는 일이기 때문이었다.

대신 나의 코칭 회사를 설립했다. 그렇지 않아도 이제 3년 정도 코칭을 했고, 어느 정도 의미 있는 액수를 벌고 있었기에 공식적으로 코칭에 뛰어들어야겠다고 생각하던 차였다. 회사 이름은 **엠브레이스**Embrace라고 지었다. '안아주다, 받아들이다'

라는 뜻이다. 코치로서 깊고 따뜻한 존재가 되어 클라이언트를 안아주고 싶은 마음에서 고심해 선택한 이름이다. 그 존재 안에서 그들이 삶을 새롭게 경험하고, 자기 잠재력의 최대치를 자유롭게 표현하며 살아가기를 바란다. 회사의 미션은 "**개인이 각자의 가치와 존재감을 깨닫게 하여, 우리가 사는 사회를 더 나은 곳으로 만들어간다**(Deepen one's presence so we elevate our collective being)" 라고 정했다. 개인이 자신에 대해 더 깊이 깨달을수록 우리 사회의 분위기와 에너지가 달라진다고 믿는다. 우리가 사는 세상을 더 나은 곳으로 만드는 에너지는 개인에게서 나오는 것이다.

나의 소망, 믿음, 행동이 모두 연결되는 회사인 만큼 경영도 나답게 하는 데 기준을 두었다. 예전 같으면 회사를 설립하고, 로고와 마케팅부터 '빠르게' 준비했을 것이다. 그래야 클라이언트도 빨리 찾고 돈도 빨리 번다고 믿었을 테니까. 계획대로 진행되지 않으면 안절부절못하며 일을 맡긴 사람에게 조급한 기색을 내비쳤을 것이다. 주위 사람들은 구글과 페이스북에 광고를 하고, 사은품을 돌리고, 나의 웹사이트 aerinlim.com 방문자들의 개인정보를 수집해 코칭 홍보 이메일을 보내라고 했다. 내가 너무 잘 아는, 스타트업들의 세일즈 및 마케팅 성장전략이다. 모두 합당한 조언이고 언젠가 이런 방법을 택할 수도 있겠지만, 지금의 '나'를 이루는 본질과는 거리가 있다. 나는 빠른 성장을 택하는 대신, 흐르는 강물처럼 서서히 그리고 자연스럽게 회사를 만들어간다. 될 일은 될 것이라 믿기에 내 속도로 일을 처리한다. 이런 의도를 반영해 엠브레이스의 로고 또한 푸른 나뭇잎을 상징하는 묵직한 그린과 중립적 톤을 띤 밝은 그레이로 최대한 심플하게 디자인했다.

이러한 믿음으로 일하니 회사를 키우는 데에도 여유가 생긴다. 물론 가끔 성급한 마음이 올라오기도 하지만 원하는 대로될 것이라 믿는다. 아직 은행에서 벌었던 만큼의 수입은 아니어도 내가 하고 싶은 만큼의 코칭을 하며 좋아하는 글도 쓰고 호프먼 일도 하며 나를 계속 계발하기 위해 리트리트를 다닐 자유가 있다. 나의 믿음에 더 다가가고 싶을 때면 근처 공원을 찾아 잔디밭을 걸으며 에너지를 받는다. 나와 함께할 클라이언트라면 어떻게든 나를 찾아오리라 믿는다. 코칭이야말로 나의 시간과 에너지를 공유하는 일이기에 나와 주파수가 맞는 사람을 만나는 것이 중요하다.

내가 할 일은 지금 이 순간 할 수 있는 만큼 최선을 다하고, 내가 줄 수 있는 만큼의 사랑과 관심을 내 회사에 쏟는 것이다. 나머지는 우주의 뜻에 따르기로 한다. 어쩌면 코칭이 내게 주어진 소명이나 천직이 아닐 수도 있다. 실패할 수도 있다. 그러나 실패 또한 삶의 일부이며 나에게 가르침을 주는 기회라 믿기에 마음이 편하다. 이러한 믿음과 긍정적인 에너지는 클라이언트에게도 고스란히 전해지기 마련이다.

나의 믿음이 통했는지, 설립 한 달 만에 개인이 아닌 기업고객과 계약이 성사됐다. 서부에 위치한 컨설팅 회사다. 알고 지내던 친구가 일하는 회사인데, 나의 인스타그램과 페이스북을 팔로하며 내가 변화한 모습에 감동받아 코칭을 받고 싶다며 연락해왔다. 이 회사는 코치와 일해본 적이 없기에 계약을 맺기까지 4개월이나 걸렸지만, 코치로서 내가 맺은 가장 큰 계약이다. 나에 대한 확신으로 계약서에 사인했다. 기꺼이 내 삶의 도약에 "I'm in"이라고 응답한다.

누군가의 존재감을 찾아주는 일
My coaching

코칭은 커리어, 리더십, 소매틱 등 분야도 방법도 다양하다. 그중 내가 엠브레이스에서 제공하는 코칭은 우리의 내면을 깊숙이 파고드는 **인테그럴 코칭**integral coaching이다. 인테그럴은 '통합'이라는 뜻이다. 즉 인간을 이루는 근본 원인의 레벨인 누구who에서 시작해 무엇what과 어떻게how를 통합적으로 하는 코칭이다. 내가 경험한 그 어떤 코칭보다 가장 강력한 코칭이다.

비즈니스 코칭을 하다 보니 아무래도 리더를 만날 기회가 많은데, 회사의 대표나 조직장 타이틀을 달아야 리더인 것은 아니다. 인생과 일이라는 관점에서는 우리 모두 리더다. 다만 직급에 따라 책임감과 요구되는 역량이 달라질 뿐이다. 리더십이란 한마디로 다른 사람을 움직일 수 있는 영향력이며, 진정한 리더십은 가장 먼저 스스로 자각하는 데서 시작된다. 나 자신을 알아야 좋은 리더가 되는 데 방해되는 패턴들을 없애갈 수 있다. 그 과정에서 자신이 타고난 장점을 잘 살리고 단점을 보완해줄 수 있는 행동과 자질을 키워가는 것이다. 그러려면 자신이 어떠한 사람인지 솔직하게 마주할 수 있는 용기와 끈기 그리고 믿음이 필요하다.

그러나 현실에서 만나는 대부분의 리더는 자신에 대한 궁금증보다는 리더십을 향상할 수 있는 프레임워크나 차별화 방안 및 도구에 주로 관심을 보인다. 성과를 높이기 위한 수평적 접근 방식의 전형이다. 가령 "리더십이 더 뛰어나면 제가 승진할 수 있을까요?"라고 묻는 클라이언트는 리더십을 강화하기 위한 팁과 기술을 얻고 싶어 한다. 리더십의 무엇what과 연계된 접근 방식이다. 그다음으로는 리더십을 키우기 위한 방법how을 알고 싶어 한다. 리더십 역량을 구축하기 위한 도구, 케이스 스터디, 수준별로 요구되는 스킬을 배우는 것이다. 이러한 코칭으로 표면적 변화는 이끌어낼 수 있지만, 그 과정에서 방법을 직접 실현해나가는 그 인간의 존재가 누구who인가에 대한 논의를 건너뛰기 쉽다.

수직적인 인테그럴 코칭은 내가 누구인지 알아갈 수 있는 질문을 던지고, 이 답변들을 토대로 코칭을 이끌어간다. 질문은 다음과 같다.

- 당신은 어떤 리더인가요?
- 당신의 자아는 리더십 스타일, 의사소통 및 행동을 어떻게 만들어가나요?
- 그것은 어떤 존재방식(way of being)을 가능하게 하나요?
- 이 존재방식은 어떻게 당신의 고유한 천재성(unique genius) 또는 잠재적인 리더십 역량을 지원하거나 억누르나요?

통합적인 코칭은 내가 '누구'인지 안다는 전제하에 '무엇'과 '어떻게'를 들여다본다는 점에서 혁신적이다. 즉 행동doing이 아닌 존재being에 초점을 두는 것이다. 코칭을 받을 정도의 사람이라면 이미 무엇을 어떻게 해야 할지는 알고 있다고 보아도 좋다. 따라서 이들에게 더 필요한 것은 신뢰와 팔로십을 이끌어내는 리더십의 본질 및 리더의 근본에 대한 믿음을 점검하는 것이다. 근본을 알지 못한 채 습관이나 행동만 고치는 것은 배가 아프다고 진통제만 먹는 것과 다를 바 없다. 의사가 증상만 치료하는 것이 아니라 증상을 발생시키는 원인을 보는 것처럼, 코치 역시 클라이언트가 어떤 본질적인 강점을 가지고 있는지 스스로 깨닫고 성장하도록 돕는다.

최근에는 어느 컨설팅 회사의 임원을 코칭했다. 40대의 중국계 미국인인 그는 임원으로서의 리더십 자질을 더 요구하는 피드백을 받았다고 했다. 회사는 그가 스트레스 받거나 힘든 상황에 처하면 감정적으로 장황한 말만 늘어놓는 게 불만이었다. 그의 상사는 그에게 더 간결하게 정리하는 능력을 강화해 중요한 클라이언트 미팅에서 세련되게 행동해주기를 원했다. 그동안 비즈니스에서 갈고닦은 전문성은 높이 평가하지만 컨설팅 회사의 임원으로서, 팀을 이끄는 리더로서 날카롭고 신속한 영향력을 행사할 수 있는지는 의문을 가지고 있었다. 그는 경영진의 이런 피드백에 불안함을 감추지 못했다. 또한 팀원들의 들쑥날쑥한 성과를 책임지면서 경영진의 요구까지 충족시켜야 한다는 압박감에 마음이 무겁다고 했다.

성과에 중점을 둔 수평적 코칭만 했다면 나는 그에게 어떻게 감정을 조절해야 하는지, 무슨 도구를 써서 팀원들의 성과 관리를 할지, 어떻게 발표 능력을 키울 수 있을지에 대해 이야기했을 것이다. 그러나 나는 그의 존재being에 대해 먼저 고민했다. 그가 회사나 클라이언트의 기대에 버거워하거나 자신을 비난하는 목소리를 들으며 잃어버렸던 존재감을 되찾고 강화하는 데 초점을 두었다.

코칭은 내가 그의 이야기를 주의 깊게 듣는 것에서 시작해, 우리의 대화에서 '울림'을 느끼는 지점을 찾아내는 것으로 이어진다. 나는 그의 존재감을 지탱해줄 자질을 '그라운드니스 groundedness'라고 정했다. 우리말로 표현하자면 땅에 깊게 뿌리 내린 것처럼 굳건한 사람이다. 그리고 그에게 캘리포니아의 '레드우드'라는 나무를 키워드로 제시했다. 삼나무라고도 부르는 레드우드는 하늘 높이 가지를 뻗고 땅 아래로는 뿌리로 다른 나무와 단단히 연결돼 있다. 누군가를 부르지 않아도 새와 다람쥐들이 알아서 나무를 찾아오고, 아이들은 나무 그늘 아래서 뛰어논다. 나의 클라이언트 또한 안달하지 않아도, 버티고 있는 것만으로 자신의 팀과 클라이언트에게 안정을 주는 레드우드 같은 굳건한 리더가 될 수 있다. 이 이야기를 듣자 그의 얼굴에 환한 미소가 번지기 시작했다. '그라운딩'이라는 자신의 존재감에 자연스럽게 반응한 것이다.

자신이 **누구**who인지에 대한 정체성을 바탕으로 정확한 **코칭 목적**what과 그에 맞는 **연습**how을 결합함으로써, 그는 리더로서 자신에게 적합한 발전을 할 수 있었다. 몇 개월 동안 우리는 그가 캘리포니아의 레드우드처럼 단단히 뿌리를 내린 리더가 되는 실용적인 방법을 모색했다.

그의 패턴 중 하나는 발표 후 조금이라도 좋지 않은 피드백을 받으면, 자신은 피해자이고 다른 사람들은 가해자라는 식의 스토리를 만들어내는 것이었다. 스토리를 만든 후에는 동료들에게 이를 가십거리로 퍼뜨리며 기분 나빠 했다. 나는 그가 자신의 패턴을 스스로 알아차릴 수 있도록, 그럴 때마다 그가 몸으로 느끼는 감각에 주의를 기울이도록 연습how을 시켰다. 이는 자신이 누구인지who를 더 깊고 넓게 알아가는 수직적인 오리엔테이션이다. 그는 트리거가 될 만한 사건을 겪을 때마다 어깨를 털며 힘을 빼고 발아래 땅속 깊은 곳에 나무뿌리가 자라는 모습을 떠올리며 깊은 호흡을 5번씩 하는 습관을 들였다. 미팅을 하면서도 얼마든지 할 수 있는 방법이었고, 실제 그는 클라이언트 미팅에서 긴장할 때마다 이 방법으로 꽤 안정을 찾을 수 있었다고 했다.

수직적 코칭을 하는 한편 그의 커뮤니케이션 스킬을 향상시키는 연습도 빼놓지 않았다. 마셜 로젠버그Marshall Rosenberg의 《비폭력 대화Non Violent Communication》라는 책과 브루스 패튼Bruce Patton의 공저 《우주인들이 인간관계로 스트레스받을 때 우주정거장에서 가장 많이 읽은 대화책Difficult Conversations》을 읽고 말로 소통하지 못한 부분에 더 집중하도록 했다. 어려운 대화는 사실을 바로잡는 것이 아니라 상충되는 인식이나 해석, 가치를 이해하는 것이라는 게 이들 책의 메시지다. 나는 그에게 클라이언트 및 동료들과 말로 표현하지 않은 것까지(what's unsaid) 감지하며, 적합한 대화를 이끌어가는 연습을 추천했다. 그는 회사에서뿐 아니라 아내와 대화할 때에도 이 방법으로 톡톡히 효과를 보았다고 했다.

코칭을 통해 이 클라이언트는 스트레스나 부정적인 피드백을 받아도 레드우드처럼 자기 자리에서 믿음직스럽게 버틸 수 있는 안정된 리더십leadership presence을 갖추게 되었다. 또한 자신의 내면을 이루는 본질을 들여다보면서 백인들이 으레 떠올리는 리더상이 아닌, 아시아계 미국인 임원으로서 자신에게 적합한 리더십 스타일이 무엇인지 알게 되었다. 그 결과 회사에서 인종 다양성을 더 존중하는 문화와 리더십 팀 구성에 대한 방향 수립을 맡기에 이르렀다. 코칭을 통해 자신에게 적합한 리더의 모습을 찾은 것이다.

코치로서 나의 목표는 클라이언트들이 자신을 인지하는 능력을 키우도록 돕는 것이다. 내가 더이상 필요 없을 만큼 스스로를 잘 인지하고, 상황에 맞게 의식 있는 행동을 선택함으로써 자신이 원하는 리더가 되도록 지원하는 것이다. 그 과정에서 나는 때로는 그의 패턴을 일깨워주는 거울, 자기계발이라는 어려운 여정에 동행하여 응원하는 치어리더, 혹은 따끔한 소리를 아끼지 않는 호랑이 선생님이 되기도 한다.

코치로서 의미를 발견하는 순간 중 하나는, 내 질문 뒤에 이어지는 정적의 순간이다. 이는 클라이언트가 대답을 하기 위해 내면을 성찰하고 있다는 증거다. 이를테면 많은 리더들이 "좋은 리더란 어떤 모습인가요?"라는 일상적인 질문에는 바로 답을 한다. 하지만 "그런 믿음은 어떤 방식으로 당신의 삶에 나타나고 있나요?" 같은 질문에 답하는 데에는 시간이 조금 걸린다. 내면에 존재하는 진실을 들여다보며 자신에 대한 이해가 깊어지는 순간이다. 이렇게 하여 클라이언트 스스로 깨닫고 변화해가는 모습을 보는 것이야말로 값으로 매길 수 없는 보람이자 코칭의 매력이다.

변화의 시기, 내가 꿈꾸는 공동체
The community I dream

미국은 코로나 이후, 그러니까 지금을 '거대한 사직The Great Resignation'이라 부른다. 2021년 8월을 기점으로 무려 430만 명이 직장을 그만두었으며, 이는 2000년 12월 데이터 시리즈가 시작된 후 최대 수치다. 재미있는 사실은 미국에 일자리가 없지 않다는 것이다. 즉, 실직자의 위기가 아니라 고용자의 위기다. 무려 1000만 개 넘는 일자리가 비어 있다. 단순노동직을 하는 회사에서는 일할 사람을 뽑고 싶어도 지원자가 없다고 난리다.

펜실베이니아대학교 조직심리학 교수인 애덤 그랜트는 "밀레니얼 세대는 X세대나 베이비붐 세대보다 여가와 휴가를 중시합니다. 그들은 자산보다 자유가 더 중요한 세대니까요"라고 말한 바 있다. 일에 대한 가치관이 달라진 것이다. 노동자에게 주어지는 혜택이나 최저임금을 지키지 않는 계약에 항의하는 노동쟁의도 많이 일어나고 있다. 즉 '거대한 사직'은 일할 때 무엇을 우선순위로 삼을지를 재평가하는, 역사적인 변화의 시기인 것이다. 아이러니하지만 코로나라는 바이러스가 인류에게 가져다준 숨겨진 선물이다.

변화의 시기인 만큼, 코치인 나에게도 고민을 상담해오는 친구들이 꽤 있다. 그럴 때마다 내가 던지는 질문은 이것이다. "내가 너의 고민을 친구로서 듣길 원해? 아니면 코치의 입장에서 들어주길 원해?"

코치라면 친구의 말을 듣는 자세부터 달라진다. 아무것도 생각하지 않고 나라는 존재를 상대에게 집중한다. 친구에게 먼저 조언하거나 나의 상황을 이야기하는(자기개방, self-disclosure) 대신 듣는 사람이 스스로 깨우칠 수 있는 컨테이너를 만든다. 친구의 입장에서 듣는다면? 나라면 그 상황에 어떻게 대처할지 조언도 하고, 필요하면 다른 사람 욕도 해주며 위로를 아끼지 않는다.

내게 사람들이 털어놓는 고민은 보통 삶의 7개 도메인, 즉 일, 건강, 놀이, 돈, 가족, 인간관계, 커뮤니티 등에 걸쳐 있으며 주로 다음과 같은 3가지로 나뉜다.

1. 내가 하고 싶은 일이 무엇인지 몰라서 생기는 커리어 고민

("제 적성에 맞는 일은 무엇이고 그걸로 어떻게 돈을 벌 수 있을까요?")

2. 리더로 발전하기 위한 고민

("어떻게 하면 승진할 수 있을까요?")

3. 일하면서 겪는 어려움

("저는 대표라 항상 직원들의 치어리더가 되어야 하는데 그런 저를 이해해주고 응원해주는 사람이 없어서 외로워요", "회사 일과 집안일을 동시에 챙기느라 번아웃되어 힘들어요", "상사와 직원, 가족과의 의사소통이 제대로 되지 않는 것 같아요.")

이 많은 고민의 핵심은 'should' 대 'want'로 귀결된다. 즉 **해야 한다**(또는 하지 말아야 한다)**와 하고 싶다**(또는 하고 싶지 않다)**의 대립**이다. 한 친구의 고민은 이렇다. "9시부터 오후 5시까지 하루 종일 줌 미팅을 하고 나면 너무 피곤해. 컴퓨터 앞에만 앉아 있었더니 머리도 무겁고 어깨도 아파서 그냥 침대에 누워서 쉬고 싶어. 하지만 아내도 일하고 오면 피곤할 텐데 혼자 저녁 준비를 한단 말이야. 나도 양심이 있지, 그래서 두 살짜리 딸이랑 노는 건 내 일이야." 즉 '나의 몸이 원하는 대로 쉬고 싶다'와 '집안일을 함께해야 한다'의 대립에서 파생된 고민이다.

사람들의 '해야 한다'를 듣다 보면 그들이 자신도 모르게 믿고 있는, 무의식적 신념이 보인다. 이 친구의 믿음은 '좋은 남편이라면 회사 일이 끝나자마자 아이를 챙기고 돌봐야 한다'이다.

이것이 진실일까? 진실일 수도 있다. 그러나 하루 종일 업무에 시달리느라 소진된 에너지를 충전하지 않고 아이를 돌보는 아빠는 어떤 모습일까? 아이 옆에 있긴 하지만 피곤한 나머지 제대로 대화도 못하는, 그저 옆에 있기만 하는 아빠일 확률이 높다. 대신 한 시간 동안 쉬거나 좋아하는 일로 에너지를 채운 후에 돌아온다면 아이와도 더 즐겁게 놀아주는 아빠이자 친절한 남편이 되지 않을까? 자신의 방전된 배터리부터 충전하는 것은 비행기의 위기 상황에서 본인의 산소마스크부터 써야 하는 것과 같은 이치다. 내가 소진된 상태에서는 가족은 물론 다른 누구에게도 나의 에너지를 줄 수 없다.

결국 친구는 아이를 잘 돌보는 것도 중요하지만 자신의 충전도 필요하다고 믿음을 바꾸었다. 아이를 보는 것과 나를 충전하는 일은 상반된 행동처럼 보이지만, 우리가 다르다고 믿는 일들의 관점을 바꾸어보면 실은 같은 선상에 놓여 있음을 알 수 있다.

불교 경전인 〈열반경〉에 나오는 맹인모상(盲人摸象) 우화가 있다. 눈이 안 보이는 사람이 코끼리의 코를 만지면 코끼리가 뱀 같다고 생각하고, 다리를 만지면 코끼리가 절굿공이 같다고 느낀다. 그들의 생각은 모두 다르지만 동시에 모두 진실이다. 인생도 마찬가지다. 우리는 자신의 믿음이나 패턴, 문화 등에 따라 삶이라는 에너지를 다르게 이해하고 받아들이지만, **상반된**

경험이나 관점도 동시에 중요한 진실이 될 수 있다. **우리가 옳다고 믿는 것, 진실이라 믿는 것을 스스로 선택할 수 있다는 것이 바로 인간의 슈퍼파워이며, 나는 코치이자 친구로서 그들의 슈퍼파워를 상기시킨다.**

얼마 전에는 새로운 프로파일의 코칭 클라이언트를 만났다. 내 경력 때문인지 나를 찾아오는 분들은 30~40대 테크업계나 전문직 종사자가 많다. 그런데 새로운 클라이언트는 60대 중반의 나이로, 얼마 전에 초등학교를 퇴직한 여자 선생님이다.

"애린 님, 저는 지난 35년 동안 어린아이들을 가르쳤어요. 전문가로서 일에도 자신감이 있었고 아이들을 너무 좋아해서 학교에 가는 것 자체가 행복했어요. 동료 선생님들이 제 친구였고요. 그런데 올해 초 은퇴하고 나니 사랑하는 사람을 빼앗긴 기분이에요. 너무 외로워요. 어떻게 해야 마음 맞는 사람들과 커뮤니티를 꾸릴 수 있을까요? 남은 시간을 어떻게 사는 게 의미 있게 사는 것일까요?"

60대 중반이라고는 하나 그녀는 아직도 1만 피트가 넘는 산을 거뜬히 등반할 만큼 신체적으로 건강하고 마음가짐이나 커뮤니케이션 방식도 젊었다. 모르긴 몰라도 지금대로라면 그녀에게는 30~40년 정도의 삶이 더 주어질 것이다.

그녀가 이런 고민을 하는 것도 무리는 아니다. 퇴직 후 시기가 성인의 삶에서 가장 구조화되지 않은 시기이기 때문이다. 그동안의 경험을 바탕으로 할 수 있는 것도 많고 가능성도 열려 있는 시기임에도, 아직 우리 사회는 이 연령대 사람들을 포용하고 기회를 주는 시스템이 취약하다.

나 역시 **생애주기에 따라 나의 커뮤니티가 변화**하고 있음을 여실히 느낀다. 학교에 다닐 때의 나와 사회에 진출한 나, 그리고 어느 정도 사회생활을 한 후에 내가 만들어가는 커뮤니티는 각기 다르다. 앞으로도 또 달라질 것이다. 60대 클라이언트의 고민을 들으면서 나 역시 어떻게 나의 공동체를 만들어갈지 생각에 빠졌다.

개인적인 견해를 밝히자면 우리 인간에게는 핵가족 모델보다 **마을 모델**village이 더 적합하다고 생각한다. 결혼해서 자녀가 있는 친구들을 보아도 일하면서 아이 키우는 것이 너무 힘들어 베이비시터를 구하는 경우가 많다. 인간이라는 종이 자신의 아이를 낳고 키우는 것은 당연한(!) 일인데 핵가족을 모델로 하는 현대사회에서는 어려운 미션이 되어버렸다. 미국에서도 아이 키우는 일을 "It takes a village(한 마을이 필요하다)"라고 할 만큼, 마을 모델을 더 자연스러운 공동체의 모습이라 여기는 사람들이 꽤 많다. 아이가 없다고 마을이 필요 없는 게 아니다. 주변 친구들을 비롯해 내가 만난 코칭 클라이언트나 호프먼 참가자들은 가족관계나 성공 여부를 떠나 모두 다 외롭다고 토로한다. 그래서 샌프란시스코에는 '코리빙coliving'이라는 이름으로 큰 집을 빌려 비슷한 가치관을 가진 사람들이 모여 공동체 생활을 하는 커뮤니티들도 꽤 있다.

이런 모델은 도시 밖에도 존재한다. 자연과 가깝고 좀 더 저렴한 곳에 넓은 땅을 공동소유로 매입해 작은 집을 짓고 마음 맞는 사람들끼리 룰을 정해 생활한다. 오리건주 로스트밸리에 위치한 인텐셔널 커뮤니티Intentional Community도 그중 하나다. 버닝맨에서 우연히 만난 친구들을 통해 방문하게 된 이 커뮤니티는 미국에서도 절경으로 손꼽히는 윌래밋 국유림을 집 앞 공원으로 삼는 울창한 산에 위치한다. 약 11만 평의 땅에 60명 정도가 거주한다. 이들은 소시오크라시(Sociocracy, 구성원 모두의 참여와 동의를 기반으로 하는 의사결정 구조), 비폭력 대화nonviolent communication, 영속농업permaculture이라는 3가지 가치를 바탕으로 공동생활을 한다. 직접 닭을 키우고 인분과 음식 쓰레기 비료로 채소와 과일도 재배한다.

내가 방문한 10월은 한창 버섯이 나오는 시기였다. 앞산인 국유림에 들어가 몇 시간을 돌아다니며 샹트렐, 로브스터버섯, 콜리플라워 등을 5kg이나 따왔다. 저녁은 그들이 사냥한 야생 사슴 고기를 굽고, 내가 따온 토마토와 버섯으로 요리해 차려냈다. 이렇게 깨끗한 곳에서 싱싱한 재료로 음식을 만들어 먹으니 뉴욕의 미슐랭 레스토랑이 부럽지 않다. 도시 생활을 하는 사람이라면 보통 음식을 사서 먹거나 가게에서 필요한 재료를 살 것이고, 그러기 위해 돈을 벌어야 한다. 하지만 자연과 가까이 살면서 나의 살과 생명이 되는 음식을 직접 재배해 요리하는 행위는 **흙을 만지는 감각을 통해 생명의 근원과 더 가까워지는 만족감**은 물론, 하고 싶지 않은 일을 하며 돈을 벌어야 하는 현대인의 압박감을 줄여준다.

얼마 전 감명 깊게 읽은 박혜윤 작가님의 《숲속의 자본주의자》라는 책에서 이와 비슷한 삶의 모습을 보았다. 가진 것을 털어 허름한 시골집과 땅을 마련한 가족은, 여름이면 블랙베리를 따고 통밀을 직접 갈아 빵을 굽는 삶을 7년째 영위하고 있다. 자본주의와 도시 생활을 완전히 등진 삶이 아니라 생산을 하면서 즐거운 일을 한다는 글을 읽으며 나도 모르게 고개를 끄덕였다. 오리건의 인텐셔널 커뮤니티는 박혜윤 님의 가족 같은 생각을 하는 사람들이 모여 이룬 마을 모델 같았다.

오리건에서 돌아올 때 내가 딴 버섯도 잔뜩 가져왔다. 샹트렐은 트러플만큼이나 귀한 데다 싱싱한 것을 구하기도 쉽지 않아 친구 경현이와 요리해서 먹을 생각이었다. 샌프란시스코에 도착하자마자 정기점검을 맡긴 차를 픽업하러 자동차 수리점에 갔다. 내 차를 점검해준 분은 내 친구와 이름이 같은 에디라는 홍콩 출신 아저씨다. 같은 아시안 출신이어서인지 항상 차를 꼼꼼히 봐주시고 꼭 10달러도 깎아주신다. 샌프란시스코를 통틀어 가장 저렴한 수리점인데 그렇게 해서 남는 게 있을지 걱정스러울 정도다. 심지어 그날은 직접 차 안팎을 깨끗하게 세차해주셨다. 세차는 서비스인데 하필 유난히 추운 날이라 손이 많이 시렵다며 너털웃음을 짓는다. 그의 마음이 너무 고마워 나도 이왕이면 돈이 아닌 정성을 선물하고 싶었다.

"에디, 너무 감사해요. 혹시 버섯 좋아하세요?" 에디는 그의 오피스에 있는 아이들 사진을 가리키며 자기 딸이 버섯꾸러기라고 했다. 버섯이 든 봉투를 건네자 그는 눈을 크게 뜨며 이렇게 귀한 것을 받아도 되냐고 거듭 묻는다. 그의 가족이 그날 저녁식사로 버섯 요리를 먹으며 행복해할 모습을 떠올리니 나 역시 행복해졌다. 차를 점검하고 픽업하러 가는 지극히 평범한 일상에서 생겨난 기쁨이다.

내가 꿈꾸는 커뮤니티는 바로 이런 일상적인 기쁨을 함께하고 나눌 수 있는 사람들의 공동체다. 그리고 나에게 맞는 그 커뮤니티를 만드는 사람은 바로 나다. 나는 내가 꿈꾸는 무엇이든 이룰 수 있는 우주의 가능성을 품고 있기 때문이다.

영웅의 여정
Heroine's Journey

지난 11월, 멕시코에서 열린 '죽은 자의 날Day of the Dead' 축제에 다녀왔다. 노란색과 주황색 금잔화가 건물, 길, 묘지 등 가는 곳마다 반겨주었다. 금잔화의 생생한 색상과 매운 향기가 축제 동안 방문하는 망자의 영혼을 제단으로 안내한다고 한다. 11월 1~2일, 디즈니 영화 〈코코〉에서도 다뤄진 이 축제가 열리는 이틀 동안 사람들은 다채로운 색상과 삶을 긍정하는 기쁨을 뿜어낸다. 죽음을 주제로 하지만, 이 축제의 핵심은 죽은 가족에 대한 사랑과 존경을 표현하는 것이다.

수천 년 전 아즈텍, 톨텍 및 나우아족 사람들은 망자를 애도하는 것을 무례하게 여겼다고 한다. 죽음을 삶의 연속체에 존재하는 자연스러움으로 바라보았기 때문이다. 죽은 이들은 여전히 지역사회의 구성원으로서 기억과 영혼 속에서 산 자들과 함께하며, 이 기간에 일시적으로 지구로 돌아온다고 믿었다.

축제 동안 멕시코 전역의 마을과 도시에서 펑키한 분장과 의상을 한 사람들이 퍼레이드와 파티를 열어 노래하고 춤추며 죽은 사람들을 위해 제물을 바친다. 그들은 죽음을 슬픔이 아닌, 다른 미지의 세계로 이동해가는 삶의 고귀한 연장으로 바라본다. 나 또한 삶과 죽음이 공존하는 이 축제에서 얼굴에 해골 메이크업을 하고 하얀색 원피스를 입고 엄마를 위한 제단을 만들었다. 멕시코 전통 노래를 따라 부르고 춤을 추며 엄마에 대한 그리움만이 아닌 사랑을 표현했다.

이 축제만이 아니어도 지난 1년간의 여정을 통해 나는 '탄생-삶-소멸'이라는 사이클을 되풀이하는 우주의 신비에 눈을 뜰 수 있었다. 생명의 탄생이라는 신비로운 출발점과 그만큼 신비스러운 죽음이라는 마지막 점 사이에는 우리가 인생이라 부르는 기간이 있다. 이런 인생을 나는 기쁨, 즉 **조이**joy라 정의하기로 했다. 딱 잘라 나눌 수는 없지만 우리가 삶을 대하는 태도는 조이와 서퍼링suffering으로 나뉘는 것 같다. 통장에 남은 10만 원을 보고 감사하는 마음은 '조이'이고 부족함을 느끼는 것은 '서퍼링'이다. 실직으로 마음이 힘들어도 얼마든지 조이를 느낄 수 있다. 감정을 제어하기는 어렵지만 **삶에 대한 태도는 나의 선택**이다.

나도 인간인지라 혹시 이런 선택을 잊어버릴까 봐 휴대폰 바탕화면에도 'Joy'라고 써두었다. 아침에 잠에서 깰 때, 가장 처음에 하는 생각은 **'나의 삶은 조이다'**이다. 그런 마음이 안 들 때는 더 의식적으로 "조이"라고 되뇐다. 그렇게 하다 보면 어느덧 감사의 물결 같은 에너지가 내 몸을 채운다. 나에게 온 꿈 같은 인생, 오늘도 이렇게 건강하게 일어나서 하루를 살게 된 것이 감사하다. 나에게 오늘은 무한한 가능성을 선물하는 날이고, 나에게는 이 가능성을 어떻게 실현할지 결정할 자유가 있다. 침대에 누워 오늘은 어떤 가능성을 선택할지 상상해보며, 조이를 바탕으로 한 나의 의지를 기도처럼 몇 번 조용히 읊는다. "오늘은 미팅이 많습니다. 저를 통해 우주의 지혜를 그들과 공유하게 해주세요. 저는 제가 할 수 있는 최선을 다할 테고 나머지는 의탁합니다. 미팅의 결과가 어떻든 저는 조이를 선택합니다."

이런 날의 나는 더 유연하고 현명하고 너그러워진다. 누가 실수한다 해도 될 일이라면 잘될 거라 믿으며, 실수를 통해 우주가 나에게 어떤 가르침을 주려는지 되새긴다. 나의 죽음도 그 신비로움에 대항하기보다 자연스럽고 정중하게 기쁨으로 맞이하고 싶다. 과거의 나와는 사뭇, 아니 완전히 달라진 모습이다.

나의 변화를 본 주변 사람들은 "애린 님, 어떻게 이렇게까지 변하게 됐어요?"라고 묻는다. 그때마다 나는 "어머니가 돌아가시고 남자친구와 헤어지면서 힘들었던 시간과 경험으로 변한 것 같아요"라고 답하곤 했다. 하지만 이제 안다. 그 아픔이 아니라, 그들의 깊은 사랑으로 오늘날의 자유로운 내가 된 것을.

내가 받은 사랑은 데렉과 엄마에게서만이 아니다. 친구 경현이와 저녁을 먹던 2019년 어느 날이 지금도 생생하다. 그녀는 내가 우연히 던진 질문 "내가 코치가 되면 어떨까?"에 열정적으로 지지하며 격려해주었다. 2020년 초, 나에게 호프먼 선생님이 되면 잘할 것 같다고 말해준 니타 선생님과 세이디 선생님, 2020년 가을, 너는 멋진 코치가 될 거라며 은행 일을 파트타임으로 하게끔 도와준 보스 사미어, 뜬금없이 책을 쓰겠다는 나에게 무한한 지원과 격려를 아끼지 않은 경민이, 나의 글을 읽고 다정하고 냉정한 피드백을 주신 분들과 아빠, 내가 무슨 엉뚱한 일을 벌이든 함께해주는 절친 에디. 그 외에도 나를 사랑해주고 응원해주는 친구들, 내가 보지 못한 나의 가능성을 봐준 그들의 믿음과 애정 어린 순간들이 모여 오늘의 내가 되었다. 감사하고 또 감사한다.

얼마 전, 2007년 대학을 졸업하기 전 에디에게 보낸 이메일을 우연히 다시 보게 되었다.

"나의 꿈은 행복하고, 건강하고, 열심히 일하고, 사랑하고, 남을 돕는 거야. 그리고 글쓰기처럼 창조적인 활동도 하고 작가들과 발레리나 같은 예술인을 지원하고 싶어."

놀라웠다. 14년 전, 스물네 살의 나도 지금과 같은 꿈을 꾸고 있었다니. 그동안 나는 계속 멈추지 않고 꿈을 꾸고 있었던 것이다.

신화를 연구한 조셉 캠벨은 《천의 얼굴을 가진 영웅The Hero With a Thousand Faces》을 통해 영웅의 여정Hero's Journey을 소개한다. 출발-입문-귀환의 구조 속에 영웅은 모험의 부름을 듣고 고향을 떠나 시련을 겪고 성장한 모습으로 고향으로 돌아온다. 스물네 살의 나는 꿈을 꾸었고, 이후 시련을 겪고 모험을 하며 패턴들을 인지하고 내려놓음으로써 14년 후 그 꿈을 실현했다. 그뿐 아니다. 열여덟 살에 한국을 떠나 20년 동안 고생, 시련, 보상 등을 경험하는 미국 생활을 하고, 서른여덟 살에 첫 책을 나의 고향인 한국에서 출판하며 귀환한다. 둘 다 다시 출발지로 돌아오는 결말에 웃음이 난다. '어차피 돌아올 거, 그때 그냥 떠나지 말걸 그랬나' 하는 실없는 생각도 해본다. 하지만 나의 여정 덕분에 상상을 뛰넘는 성장을 하고 오늘날의 내가 되었음을 안다. 그리고 지금도 이 여정은 계속된다.

1년 전으로 다시 돌아갔다고 상상해보았다. 당시 나는 '코칭 비즈니스를 더 키우고 자연에서 더 많은 시간을 보내고 싶다'는 소망을 품었다. 큰 꿈을 원하면 실망하고 상처받을까 봐 정말 내가 원하는 것 대신 적당한 크기의 현실성 있는 꿈을 선택했다. 1년이 지난 지금, 나는 할 수 있을 거라고 생각지 못했던 일들을 하고 있다. 1년 전의 뱅커는 오늘 자신의 회사를 운영하는 풀타임 코치, 호프먼 선생님 인턴 그리고 작가가 되어 있다.

2020년 9월, 코로나 때문에 아무 계획을 세울 수 없었지만 그 무계획은 12 체어스 카페로 나를 인도했다. 즉흥적이고도 자연스럽게 유대인 새해파티에 함께하는 것을 시작으로 내 삶의 신비 속으로 여행했다. 나에게 아무것도 하지 않아도 되는 시간을 선물했고, 나도 몰랐던 나의 강인함을 발견해 스스로를 더 신뢰하고, 우주의 마법에 기꺼이 나를 맡기게 되었다.

앞으로 나의 삶이 어떻게 펼쳐질지는 모른다. 하지만 나만의 '영웅의 여정'이 현재진행형임을 안다. 나에게 진정한 영웅은 완벽한 사람이 아니다. 화려한 경험을 했거나 멋진 타이틀이 있는 것은 더욱 아니다. 나의 진정한 영웅은 새로운 기회를 유연하게 맞이하고, 거듭되는 시련에도 포기하지 않고, 용기를 가지고 도전한다. 머리보다는 마음으로 결정하고, 무한히 사랑하고, 끊임없이 성장한다. 그 과정에서 남을 보살피고 자연을 보호한다. 인간이기에 당연히 실수를 할 테고 예전의 패턴이 나올 수 있겠지만, 그마저 사랑으로 안아준다. 나의 영웅은 그녀가 누구인지 안다. 그녀는 자유롭고, 명상하며, 나누고, 즐긴다. 그렇게 나는 내 버전의 영웅으로 나의 길을 걸어간다.

아임 인 : 삶이 초대할 때는 응답하라

2021년 12월 22일 초판1쇄 발행

지은이 임애린

펴낸이 권정희
책임편집 김은경
편집팀 이은규, 강현호
마케팅팀 박선영
디자인팀 김경미

펴낸곳 ㈜북스톤
주소 서울특별시 성동구 연무장7길 11, 8층
대표전화 02-6463-7000
팩스 02-6499-1706
이메일 info@book-stone.co.kr
출판등록 2015년 1월 2일 제2018-000078호

ⓒ 임애린
(저작권자와 맺은 특약에 따라 검인을 생략합니다)

ISBN 979-11-91211-52-8　(03320)

북스톤은 세상에 오래 남는 책을 만들고자 합니다. 이에 동참을 원하는 독자 여러분의 아이디어와 원고를 기다리고 있습니다. 책으로 엮기를 원하는 기획이나 원고가 있으신 분은 연락처와 함께 이메일 info@book-stone.co.kr로 보내주세요. 돌에 새기듯, 오래 남는 지혜를 전하는 데 힘쓰겠습니다.